ISEGRIM

# Helga B. Auermann

# LASSEN SIE MICH DURCH – ICH BIN KLOFRAU

**Helga B. Auermann** (Ps.), gebürtige Gelsenkirchnerin, ist seit 1971 im schönen Bayern zu Hause. Hier lebt sie mit ihrem Mann, ihren 3 Kindern und mittlerweile 10 Enkelkindern. Seit 2011 arbeitet sie jedes Wochenende in der Disko.

# Vorwort

An den geneigten Leser,

Helga berichtet im Folgenden von den ‚Highlights' aus über 5 Jahren Discokarriere als Reinigungskraft. Die angeführten Ereignisse gehören nicht zu ihrem Tagesgeschäft, sondern sind vielmehr die gebündelte Sammlung der schockierendsten, amüsantesten aber auch schönsten Erinnerungen, die sie in all den Jahren gesammelt hat. Die Handlungen sind nicht frei erfunden, Ähnlichkeiten mit real existierenden Personen oder Situationen sind beabsichtigt und gewollt. Wer sich in diesem Buch wieder findet, darf sich darüber freuen.

# 1.
## Aller Anfang ist schwer

Manch einer wird sich fragen „mit 60 in einer Disco arbeiten? – die Frau muss verrückt sein!" Ja das ist sie, in der Tat.

Ohne eine ordentliche Portion Humor und ein dickes Fell geht das wirklich nicht. Vor allem, wenn man bedenkt, dass mein letzter – privater - Discobesuch schon über 40 Jahre her ist und man seine Getränke noch in D-Mark bezahlte. Clubs und Lounges hießen noch Diskotheken, die Halbe Bier kostete 1,50 DM und man konnte seine Handtasche noch bedenkenlos auf dem Tisch liegen lassen und eine flotte Sohle auf die Tanzfläche legen, ohne Angst haben zu müssen, dass sie der Gast neben dir an der Bar einfach mitnimmt. Ja das waren noch Zeiten.

Ich kann nicht von mir behaupten, je der wilde Disco-Typ gewesen zu sein, der regelmäßig die Nacht zum Tag gemacht hat, umso komischer ist es, dass es mich mit über 60 wieder mitten ins Geschehen verschlagen hat.

Begonnen hat alles mit einer Stellenanzeige:

> Toilettenfrau für Diskothek bei
> guter Bezahlung gesucht.

Da ich diesen Job als Reinigungskraft für Toiletten früher schon ein paar Jahre im alljährlichen Volksfest gemacht hatte, dachte ich mir: Fragen kostet nichts. Gesagt getan. Ich rief bei der angegebenen Nummer an und man lud mich zu einem Vorstellungsgespräch ein.

Die Chefin des Ladens war sehr freundlich, aber auch sichtlich erstaunt darüber, dass gerade ich mich auf die Anzeige beworben hatte und kein junger Hüpfer in den Zwanzigern, der sich etwas nebenbei verdienen wollte. Mein Aufgabenbereich und die Arbeitsbedingungen waren schnell geklärt. Freitag und Samstag, sowie an Sonderöffnungstagen – zum Beispiel vor Feiertagen - sollte ich mich von 22 Uhr bis 6 Uhr um die Sauberkeit in den Toiletten kümmern. Neben meinen bereits gesammelten Erfahrungen tat meine souveräne Hausfrauenausstrahlung ihr Übriges. Ich hatte den Job und super bezahlt war der auch noch. Ich freute mich darauf, von jungen Leuten umgeben zu sein und stellte mich auf eine eher ruhige Tätigkeit ein, die mich nicht vor großartige Herausforderungen stellen würde –

wenn ich zu diesem Zeitpunkt schon gewusst hätte, was da auf mich zukommt, hätte ich es mir vielleicht anders überlegt.

Nach aller Anfangseuphorie stand ich zunächst aber vor einem großen Problem: ich hatte kein Auto. Zwar war der Weg von mir zu Hause zur Disco nicht weit, aber trotzdem zu lang, um die Strecke zu Fuß oder mit dem Fahrrad zurückzulegen. Öffentliche Verkehrsmittel fuhren nachts nicht mehr und ein Taxi war mir auf die Dauer schlichtweg zu teuer. Die Lösung des Problems hatte mein Sohn mit einer im wahrsten Sinne des Wortes zündenden Idee: in der Garage stand seit Jahren sein alter Roller. Den hatte er schnell wieder flott gemacht, jetzt musste ich nur noch lernen, auf dem Ding zu fahren. Zunächst stellte ich mich wirklich saublöd an! Doch nach ein paar Startschwierigkeiten hatte ich es dann endlich begriffen:

   nicht zu viel Gas geben
   nicht abrupt bremsen
   keine Angst vor Kurven

Mein erster Abend konnte also beginnen. Nachdem mein Sohn die Befürchtung hatte, mir könnte unterwegs doch etwas passieren, bot er mir an, mich zu begleiten.

Da um 22 Uhr Arbeitsbeginn war, fuhren wir um kurz nach neun los, denn schneller als 20 km/h traute ich mich auf dieser Höllenmaschine nicht fahren. Es waren ja immerhin sieben Kilometer. Ich fuhr mit dem Roller voran, mein Sohn mit dem Auto hinterher - ein Bild für Götter. Zum Glück war es schon dunkel und niemand erkannte uns.

Endlich auf dem Parkplatz angekommen, stellte ich meinen Roller ab und betrat den Laden wie besprochen durch den Hintereingang, da die Haupttür erst zur offiziellen Öffnungszeit von den Türstehern aufgemacht wird. Im Treppenhaus hörte ich bereits Musik und es roch nach Zigaretten, verschüttetem Bier und leeren Schnapsflaschen – dem typischen Discogeruch.

Die Chefin zeigte mir gleich meinen neuen Arbeitsbereich und wo ich Putzmittel, Lappen und Klopapier zum Nachfüllen finden würde. Ich war also bereit zu starten.

Nachdem ich ja eigentlich gedachte hatte, dass mich keine großen Herausforderungen erwarten würden, war es zunächst doch ungewohnt für mich, in der Nacht zu arbeiten. Man stelle sich vor: Die Schicht beginnt dann, wenn andere gerade ins Bett gehen! Auch die laute Musik und den Umgang mit den Jugendlichen hatte ich unterschätzt, denn ihr Benehmen lässt oft zu wünschen übrig.

Wenn die sich zu Hause genauso aufführen … Na dann Prost Mahlzeit!

Zunächst verlief der erste Abend einigermaßen ruhig. Ich füllte regelmäßig Papierhandtücher, Seife und Klopapier nach und schaute auch in den Kabinen nach dem Rechten. Obwohl es erst keine Zwischenfälle gegeben hatte, am Ende des Abends dann der Schock: eine Gruppe Feierwütiger hielt sich noch auf dem Herrenklo auf, obwohl es bereits kurz nach 5 Uhr war. Einer der Jungs übergab sich lautstark und man konnte genau hören, dass nicht alles im Klo landete. Als ich ihn auf die Sauerei ansprach, die er mir hinterlassen hatte, wurde ich nur dumm angepöbelt. Da es aber nun mal zu meinem Job gehörte, die Hinterlassenschaften der Gäste zu beseitigen, überwand ich mich.

Nach acht Stunden Nachtarbeit war ich fix und fertig und freute mich auf mein Bett. Gott sei Dank sprang auch der Roller gleich an und ich fuhr im Morgengrauen langsam nach Hause.

Dort angekommen fiel ich todmüde ins Bett, immerhin war es schon 6.30 Uhr morgens. Doch so recht einschlafen konnte ich nicht. Meine Gedanken kreisten um die Ereignisse meines ersten Arbeitstages. War das wirklich der richtige Job für mich? Den Dreck anderer Leute wegzuräumen? Und das jedes Wochenende?

Geld stinkt nicht, dachte ich mir aber dann. Also Augen zu und durch.

Von nun an hieß es jeden Freitag und Samstag: Ab in die Disco. Was ich da noch alles erlebte…

# 2.
## Kummerkastentante

An manchen Wochenenden kam ich mir vor, wie eine Mischung aus Seelsorger und Mutter Theresa. Nicht selten kam es vor, dass ich ein Mädchen heulend im Klo fand, ihr Freund hatte gerade mit ihr Schluss gemacht oder der Schwarm mit einer anderen geknutscht. Für Mädels im Teenie-Alter kommt das ja einem Weltuntergang gleich. Ich trocknete viele Tränen, restaurierte verwischte Mascara und versuchte zu trösten. Alte Sprüche wie „andere Mütter haben auch schöne Söhne" oder „nicht ärgern lassen, der ist es nicht wert", die ich mir zu meiner Zeit schon anhören musste, munterten die armen Mädels meistens wieder auf. Sie tun mir wirklich leid, Liebeskummer und Ärger mit den Jungs ist in diesem Alter ja besonders dramatisch. Wer hat nicht diese Erfahrung gemacht? Wenn ich mich daran erinnere, wie ich damals meinen jetzigen Mann kennengelernt habe, verstehe ich die Situation der jungen Frauen umso mehr.

Vor 40 Jahren war ich ebenfalls zu Gast in

einer Diskothek, zusammen mit meinem damaligen Freund. Dem fiel nichts Besseres ein, als im Laufe des Abends mit einer anderen herum zu knutschen und mich sitzen zu lassen. Sauer und enttäuscht wie ich war, schnappte ich mir im Gegenzug den Nächstbesten gutaussehenden Burschen, der alleine an einem Tisch saß. Ich dachte mir, für den einen Abend passt der schon! Aus dem einen Abend sind unverhofft über 40 Jahre geworden, in denen wir geheiratet und 3 gemeinsame Kinder bekommen haben. Zudem bin ich mittlerweile zehnfache Großmutter – wozu ein zunächst frustrierender Discobesuch so führen kann!

Es passiert schon auch mal, dass mich ein Mädel total verzweifelt und weinend fragt, ob ich nach ihrem Freund auf dem Männerklo suchen könne. Wenn ich ihn dort dann nicht finde, bricht meistens Panik aus. Dann wird zurück in den Tanzbereich geeilt und der Name des Geliebten gerufen. Doch wer weiß, wo der abgeblieben oder mit wem der fort ist. An solchen Abenden gehen schon mal Freundschaften und Beziehungen kaputt.

Eines Abends verließ ein Mädchen tränenüberströmt das Damenklo und erzählte mir, ihr Freund sei mit ihrer besten Freundin auf und davon. Solche Geschichten tun mir dann immer besonders leid und immer die passenden tröstenden Worte zu finden, ist nicht leicht.

Vor derartigen Liebeskummerattacken sind aber auch die Burschen nicht gefeit. Schon oft fand einer seine Freundin am Ende des Abends in den Armen eines anderen.

Über die Jahre haben mir die Gäste schon viel erzählt. So mancher schüttet mir im angetrunkenen Zustand sein Herz aus. Dann heißt es auch mal: in den Arm nehmen, Tränen abwischen, Taschentuch reichen oder ein Glas Wasser holen.

# 3.
# Helga und die Jugend

Da das älteste meiner zehn Enkelkinder mittlerweile auch in einem Alter ist, in dem man am Wochenende mit seinen Freunden um die Häuser zieht, war es nur eine Frage der Zeit, bis er als Gast in die Diskothek kam, in der ich arbeite. Es ist schon ein komisches Gefühl, wenn der Enkel seine Oma in der Disco besucht. Wenn dann auch noch einer meiner Söhne auftaucht, sind auf einmal drei Generationen versammelt. Schon ein eher ungewöhnlicher Ort für ein Familientreffen!

Vor allem mein jüngster Enkel machte mir bald Komplimente, die man nicht jeden Tag hört. „Oma du bist echt krass, du fährst Roller, hast ein Smartphone und arbeitest am Wochenende in einer Disco!"

Plötzlich war ich die coole Großmutter.

Wenn er aber gewusst hätte, was ich an diesen Wochenenden alles mitmache, wäre die ganze Sache wahrscheinlich gar nicht mehr so „cool" gewesen.

Dass Jugendliche sich betrinken, ist heute nichts Ungewöhnliches mehr. Seien wir mal ehrlich – waren wir früher anders? Aber so Dinge wie „Komasaufen" gab es bei uns nicht. Natürlich waren wir auch hin und wieder betrunken und hatten am nächsten Tag einen Brummschädel, aber auf der Intensivstation im Krankenhaus ist wohl kaum jemand aufgewacht, weil er bis zur Ohnmacht getrunken hat. Heutzutage passiert es immer mehr, dass manche mit Vorsatz bis zur Bewusstlosigkeit trinken.

Mittlerweile ist es ja Gang und Gebe vor dem Weggehen „vorzuglühen". Das heißt man trifft sich bei jemandem zu Hause oder in Extremfällen sogar auf dem Parkplatz vor der Disco und trinkt schon mehrere Flaschen Alkohol bevor man überhaupt weggeht. Denn in der Diskothek sind die Getränke natürlich teurer, als wenn man sie selbst im Supermarkt kauft. Wenn man also daheim schon bechert, braucht man im Club nicht mehr so viel Geld und bei den meisten heißt es halt: Hauptsache blau!

So überrascht es mich nicht mehr, wenn ich in den Toiletten mitgebrachte leere Schnapsflaschen finde, die die Mädchen in ihren Handtaschen in die Disco geschmuggelt haben. Auch wenn unsere Türsteher regelmäßig die Taschen kontrollieren, alles finden sie auch nicht. Dass die Jugendlichen damit aber die Weggehkultur und ihre Kneipen und Diskotheken kaputt machen, kann man ihnen nur schwer begreiflich machen. Als Gastronomiebetrieb lebt man nun mal vor allem von den Getränken.

Eines Abends entdeckte ich einen jungen Burschen auf dem Herrenklo, der da wohl schon einige Zeit gesessen hatte und sich nicht mehr rührte. Da er weder auf Rufen noch Klopfen reagierte, wusste ich mir nicht anders zu helfen und bat einen Kollegen von der Security nachzuschauen.

Zum Glück war der Türsteher recht klein und nachdem ich mit einer Räuberleiter geholfen hatte, konnte er über die Kabinentür klettern. Mit einem Satz war er drüben und sperrte die Toilette von innen auf.

Der Anblick, der sich mir bot, war traurig und lustig zugleich: der junge Mann saß mit heruntergelassener Hose komatös auf der Kloschüssel. Als er nach mehreren Weckversuchen endlich zu sich kam, versuchte er mit wenig Erfolg seine Hose hochzuziehen und wurde halb angezogen vom Securitymitarbeiter hinausbegleitet.

Dass dies zu meinem Alltag werden würde, sollte ich über die Jahre noch erfahren. Auch heute weiß ich immer noch nicht, ob ich gerade über solche Ereignisse belustigt oder entsetzt sein soll.

Es ist auch nichts Außergewöhnliches mehr, dass den Jugendlichen von anderen Gästen K.O.-Tropfen in die Getränke geschüttet werden, so dass sie einen Blackout haben und sich nicht mehr erinnern, was mit ihnen passiert ist. So hat schon mancher Gast bewusstlos auf dem Barhocker gesessen und man wusste nicht, ob er einfach nur seinen Rausch ausschläft oder ob ihm jemand etwas ins Getränk gemixt hat.

Am Anfang meiner Karriere habe ich mich noch gewundert, warum so viele Getränke mit auf die Toiletten genommen werden. Ein Mädel erklärte mir dann, dass sie Angst hätte ihr würde jemand was ins Getränk mischen.

Seitdem kann ich die Jugendlichen verstehen, wenn sie ihre Getränke nicht aus der Hand geben. So etwas gab es zu meiner Zeit einfach nicht!

Wenn man darüber nachdenkt, ist es schon traurig, womit man sich als junger Mensch beim Weggehen befassen muss. Da traut einer dem anderen nicht mehr. Einfach nur schade.

Wenn sie dann auf der Tanzfläche rumhopsen, denn tanzen kann man das ja heutzutage wohl nicht mehr nennen, frag ich mich oft aus welchem Zirkus sie kommen.

Einen Foxtrott können die wenigsten, geschweige denn einen Walzer oder Zwiefachen, aber dafür ist eine Disco sowieso nicht mehr der richtige Ort. Außer bei den Ü30 Partys, da wird auch mal das Tanzbein im klassischen Sinn geschwungen und eine flotte Sohle aufs Parkett gelegt.

# 4.
## Dumme Sprüche

Komatöse Betrunkene waren oft noch die etwas angenehmeren Gäste, da gab es ganz andere Zeitgenossen. Vor allem am Anfang meiner ‚Karriere‘ nahm ich mir die dummen Sprüche mancher Besucher sehr zu Herzen. Besonders blöd wurde ich oft von den jungen Herren angeredet. Sprüche wie „Hey du dummer Ausländer, du nix Deutsch oder wie?“ waren noch die harmlosesten. Im Lauf der Zeit begann ich Contra zu geben und sobald sie merkten, dass ich sehr wohl Deutsche bin, wurden sie schnell kleinlaut. Wieso ist eigentlich die Herkunftsfrage gerade in dieser Branche immer so ein großes Thema? Es ist ein weit verbreiteter Irrglaube, dass solche angeblich „niederen“ Tätigkeiten nur von Menschen mit Migrationshintergrund ausgeführt werden.

Warum sollte eine Deutsche nicht auch als Reinigungskraft arbeiten? Es ist ehrlich verdientes Geld, das zu meinem Lebensunterhalt beiträgt und Arbeit schändet nun mal nicht. Obwohl ich hier kein Trinkgeld bekomme, bei meiner Tätigkeit auf den Volksfesten war das schon üblich, ist die Arbeit in der Diskothek trotzdem sehr lukrativ.

Jugendliche haben dem Alter geschuldet noch nicht das Gespür dafür, Trinkgeld für entgegengebrachte Leistungen dazulassen. Die Jugend versäuft es lieber. Ich werde stattdessen hin und wieder auf einen Drink eingeladen – vielleicht auch eine nettere Geste als einfach 50 Cent hinzulegen.

# 5.
## Trinkgeld

Am Anfang meiner Tätigkeit stellte ich noch einen Teller für Trinkgeld in den Toiletten auf. Das kennt man schließlich auch von Kundentoiletten in Kaufhäusern oder von anderen öffentlich zugänglichen Klos. Um den Gästen einen kleinen Wink zu geben, legte ich selbst zu Beginn des Abends einige Münzen auf den Teller und hoffte auf reichlich Vermehrung.

Das gab ich allerdings schnell wieder auf, denn anstatt ein wenig Kleingeld dazuzulegen, klauten mir die Gäste die Münzen vom Teller!

Anstelle des Tellers probierte ich es dann mit einer kleinen Blechspardose, um eventuelle Langfinger abzuhalten. Doch auch hier wurde ich enttäuscht. Nach wenigen – mittelmäßig erfolgreichen – Abenden fand ich die Dose aufgebrochen im Pissoir der Herrentoilette, Geld war natürlich keines mehr da. Am meisten erschreckte mich, dass die Sparbüchse während einer Ü30 Party aufgebrochen wurde. Bei den Jugendlichen, die noch viel Unsinn im Kopf haben, hätte es mich weniger überrascht, als bei den Erwachsenen, die einen solchen Diebstahl eigentlich nicht nötig haben sollten. Meine Kollegen konnten bei dieser Aktion ebenfalls nur den Kopf schütteln. Auch wenn die Idee mit dem Trinkgeld-Teller beziehungsweise der Spardose nicht funktioniert hat, gibt es doch auch Ausnahmen unter den Gästen. So mancher Bursche hat mir nach dem Toilettengang schon 5 Euro in die Hand gedrückt und sich für die saubere Toilette bedankt.

Die Mädchen sind bei so etwas immer etwas sparsamer. Ist ja auch verständlich: sie müssen in ihr gutes Aussehen investieren und das kostet natürlich.

Eine weitere Ausnahme bildete hier allerdings ein weiblicher Stammgast, die mir kurz vor Weihnachten 50 Euro in die Hand drückte. Ich war überrascht und wollte das Geld zunächst nicht annehmen. Sie bestand aber darauf und forderte mich auf, mir etwas Schönes zu kaufen. Ich bedankte mich und freute mich riesig! Nicht nur über das Geld, sondern auch über die Honorierung meiner Arbeit.

Auch von den Barkeepern bekomme ich hin und wieder etwas Trinkgeld. Schließlich ist es nicht selbstverständlich, dass die Gäste, denen übel wird, es noch rechtzeitig auf die Toilette schaffen. Wenn ihnen ein Malheur direkt an der Bar passiert, bin ich zur Stelle und wische das weg. So werden die Barkeeper damit nicht konfrontiert und der Betrieb kann geregelt weitergehen.

Wenn Hochbetrieb herrscht, werde ich auch manchmal gebeten Scherben, die sich an den Bars gesammelt haben, schnell wegzukehren. So passierte es eines Abends, dass einem Barkeeper eine 1.5 Liter Flasche Wodka aus der Hand rutschte und auf dem Boden zerschellte. Die Sauerei kann man sich vorstellen!

Nach dem Aufputzen roch ich so dermaßen stark nach Alkohol als hätte ich den ganzen Abend getrunken. Hätte mich die Polizei an diesem Abend nach Betriebsschluss aufgehalten, hätten sie mir niemals geglaubt, dass ich nichts getrunken hatte. Ich roch nämlich nach mindestens 2 Promille!

# 6.
# Helga und die Polizei

Es versteht sich von selbst, dass ich während der Arbeit keinen Alkohol trinke, obwohl man in einer Disco natürlich direkt an der Quelle sitzt. Gott sei Dank habe ich mich immer dran gehalten, denn ich wurde in den letzten Jahren sehr oft auf dem Nachhauseweg von der Polizei aufgehalten. Die kontrollieren logischerweise vor allem Fahrzeuge, die den Parkplatz der Diskothek verlassen. So war es jedes Mal die gleiche Leier:

„Woher kommen Sie denn jetzt her?"
„Aus der Arbeit."
„Um diese Uhrzeit? Wo arbeiten Sie denn?"
„In der Disco gleich da vorne."
„Wie sieht es mit Ihrer Fahrtüchtigkeit aus? Sie haben doch bestimmt etwas getrunken."

Und schon durfte ich blasen.

So ging das einige Male, bis ich den Polizisten irgendwann einfach zuvorkam und gleich einen

Alkoholtest anbot, um die Prozedur zu beschleunigen. Schließlich wollte ich nach einer langen Arbeitsnacht einfach nur ins Bett.

Irgendwann hieß es bei den Polizisten nur noch „die brauchen wir nicht kontrollieren, das ist die Klofrau aus der Disco". Von da an hatte ich freie Fahrt und war fast so etwas wie eine Berühmtheit.

# 7.
# Viel Kotze für wenig Geld

Obwohl man auch früher als Jugendlicher wenig Geld hatte, um feiern zu gehen, war man trotzdem eher dazu bereit, an den Wochenenden Geld in den Diskotheken zu lassen, als es die jungen Leute heute sind. Um seinen Laden dennoch voll zu bekommen, müssen sich die Diskothekenbetreiber so manches einfallen lassen. Vor allem Gutschein-Partys wurden in den letzten Jahren immer populärer. Die Veranstaltungen laufen folgendermaßen ab: Man zahlt seinen Eintritt und bekommt dafür Getränkegutscheine, die man an den Bars einlösen kann. Außerdem wird jedes Wochenende mit attraktiven Angebotsgetränken gelockt. Das bedeutet für die Jugend: viel Saufen für wenig Geld. Für mich bedeutet das: viel Kotze für wenig Geld.

Unangenehm wird es vor allem dann, wenn die Herren der Schöpfung beispielsweise ihren Mageninhalt ins Pissoir entleeren.

Die Herrentoiletten bestehen aus fünf Kabinen und vier im Kreis angeordneten Pissoirs.

An einem Wochenende im Winter war in der Diskothek eine ganz besondere Aktion: 2 €-Time. Jeder Gast, der vor Mitternacht den Laden betrat, bekam die ganze Nacht jedes Getränk für 2 €. Zuvor hatte ich schon auf einem Flyer darüber gelesen und mir schwante Übles. Prost Mahlzeit, dachte ich mir, denn so langsam wusste ich ja was diese Getränkeaktionen mit den Gästen anstellten.

Gute Vorbereitung ist alles und so richtete ich mir schon zu Beginn des Abends meine Spezialhandschuhe her. Sie reichen bis über den Ellbogen und sind perfekt dazu geeignet kotzeverstopfte Toiletten zu reinigen.

Lang dauerte es nicht und einer der Barkeeper rief mich mit den Worten „Helga kannst du mal kommen? Da hinten hat mir einer vor die Bar gekotzt!"

Mit Eimer und Küchenrolle bewaffnet machte ich mich gleich auf den Weg. In Kombination mit zu viel Alkohol war der Döner, den der junge Mann zuvor gegessen hatte wohl nicht mehr ganz so bekömmlich. Abgesehen vom ekelhaften Anblick der Hinterlassenschaft, war auch der Geruch der Zwiebel-Schnaps Kombination nicht gerade der feinste.

Nachdem alles aufgewischt und der Abfall beseitigt war, machte ich einen Kontrollgang durch
die Toiletten. In einem der Pissoirs in der Herrentoilette sah ich auf einmal etwas rötlich schim-
mern. Bei genauerer Untersuchung stellte ich
fest, dass es sich um einen 10 €-Schein handelte!
Ich überlegte kurz, streifte mir dann schnell einen
Handschuh über und fischte den Schein aus
dem Becken. Ich wusch ihn ab, desinfizierte ihn
und steckte ihn ein. Da es ohnehin sehr kalt und
glatt in dieser Nacht war, beschloss ich, mir von
den gefundenen 10 Euro ein Taxi zu gönnen.
Woher genau dieses Geld stammte, wusste der
Taxifahrer ja nicht.

# 8.
## Fundgrube Discoklo

Der 10 €-Schein war über die Jahre hinweg natürlich nicht das einzige, das ich in den Toiletten gefunden habe. Geldbeutel, Handys und Handtaschen sind beinahe an der Tagesordnung. Die Sachen gebe ich dann natürlich im Büro ab, je nach Abend und Veranstaltung kommt da einiges zusammen. Alle sind froh, wenn sie ihre Sachen wieder kriegen, die meisten bedanken sich auch herzlich bei mir.

Ein Erlebnis ist mir in diesem Zusammenhang besonders in Erinnerung geblieben. Ich hatte gerade auf einem meiner Rundgänge unter einer Kloschüssel ein Handy gefunden und war damit auf dem Weg zu unserer Chefin, um es abzugeben. Auf einmal fing das Ding an zu vibrieren — es rief jemand an. Ich überlegte nicht lange und ging ran. Am anderen Ende der Leitung hörte ich eine weibliche Stimme. Ich wollte der jungen Dame gerade erklären, dass ich das Handy gerade auf der Herrentoilette gefunden hatte, doch sie fiel mir gleich lautstark ins Wort.

„Sag mal hast du eine Neue oder was? Wer ist diese Schlampe? Wer bist du? Sag mir sofort wo mein Freund ist du scheiß Hure!"

Erschrocken und entsetzt darüber, so angebrüllt zu werden, habe ich gleich wieder aufgelegt. Ich denke, der junge Bursche musste da so einiges erklären, als er sein Handy wieder hatte.

Dass Gäste ausfallend werden und mich beschimpfen kommt öfter vor, vor allem dann, wenn ihr Geldbeutel komplett ausgeräumt im Abfalleimer der Toilette liegt. Eine junge Dame war da mal besonders dreist. Sie hatte ihren Geldbeutel angeblich auf der Toilette verloren. Nachdem wir ihn – selbstverständlich leer – wiedergefunden hatten, wollte sie von mir die 500 Euro zurückhaben, die sich laut ihrer Aussage im Portemonnaie befunden hatten. Nachdem sie außerdem damit drohte die Polizei zu rufen, holte ich die Security, um die Sache zu klären. Schnell stellte sich heraus, dass diese Dame bereits bekannt dafür war, genau diese Masche auch schon in anderen Lokalitäten der Stadt angewandt zu haben. Unter Protest wurde sie hinausbegleitet und bekam anschließend Hausverbot.

Leider passiert so etwas häufiger als es einem lieb ist, denn wenn es ums Geld geht, sehen die meisten rot.

Solange es nur bei Beschimpfungen bleibt, kann man noch darüber hinwegsehen, aber leider kommt es nicht selten auch zu körperlichen Auseinandersetzungen. Klar, Alkohol senkt schließlich die Hemmschwelle, da liegen die Nerven schnell blank und man wird aggressiv.

Diese Erfahrung machte auch ein junger Kerl, den ich blutüberströmt in der Toilette fand. Er war bewusstlos gewesen und konnte sich nicht mehr erinnern, was geschehen war. Sofort wurde der Krankenwagen gerufen und man brachte ihn ins Krankenhaus. Es war ihm nichts allzu Schlimmes passiert und es ging ihm Gott sei Dank bald wieder besser, der Schuldige konnte aber nie gefunden werden. Schlägereien sind an der Tagesordnung. Zum Glück finden die meisten auf dem Parkplatz vor der Diskothek statt, aber auch hier versuchen unsere Security Leute die Streitigkeiten so gut es geht zu schlichten oder in extremen Situationen die Polizei zu rufen. Vorsichtshalber werden zu stark alkoholisierte Gäste gar nicht erst in die Disko gelassen.

Neben Geldbeuteln und Handtaschen finden sich manchmal auch Kleidungsstücke in den Toilettenkabinen. T-Shirts, Unterhemden und Socken liegen da sehr oft neben den Waschbecken. Na ja vielleicht ist es dem Gast zu warm geworden. Wenn aber Unterhosen bei den Herrn und Slips bei den Damen liegenbleiben, gibt einem das schon zu denken. Wurden sie jetzt nur ausgezogen weil man den Urin nicht mehr halten konnte oder wollte man eine schnelle Nummer mit dem neuesten Discoaufriss schieben?

Besser man denkt nicht weiter darüber nach. Wenn aber mal eine Jeans + Unterhose liegenbleibt, fragt man sich schon, wie der Bursch nur heimgekommen ist.

Über gebrauchte Kondome wundere ich mich schon lange nicht mehr – seien wir froh, dass die jungen Leute verhüten.

Wenn aber ein Mädchen ihre Anitbaby-Pille liegen lässt, frage ich mich schon manchmal, ob wir in den nächsten 9 Monaten ein Disko-Baby begrüßen dürfen.


Während bei den Damen die diversesten Gegenstände liegen bleiben, sind es bei den Herren vor allem die Handys, die verloren gehen. Es passiert schnell, dass das Telefon beim Toilettengang aus der Hosentasche in die Kloschüssel rutscht. Ich darf das dann rausfischen, abwischen und unserer Chefin ins Büro bringen.

Dass in einer Diskothek auch mal Drogen vertickt werden, ist eigentlich nichts Ungewöhnliches. Dass ein Dealer aber seine Feinwaage auf der Herrentoilette vergisst, ist dann nicht mehr alltäglich. Sogar unsere Chefin war verwundert, als ich ihr das Ding ins Büro brachte.

Auch Handschellen habe ich schon im Männerklo gefunden, wer weiß was da der Gast noch vorhatte.

Aber mich wundert eh fast nichts mehr, seit ich mal einen Gast am Pissoir stehen sah, der die Wand küsste. Auf meine Nachfrage, was er da denn mache, erklärte er mir er übe für seine Freundin, die er in der Nacht noch flachlegen wolle.

# 9.
## Kleine Fußstapfen

Wie ich im Lauf der Zeit erfuhr, hatten vor mir schon diverse andere Damen als Reinigungskräfte in der Diskothek gearbeitet. Manche von ihnen waren ähnliche Unikate wie unsere Gäste. So auch eine Klofrau, die man bewusstlos in der Toilette fand. Wie sich herausstellte, war sie betrunken. Zu Arbeitsbeginn brachte sie jedes Mal eine Thermoskanne mit. Alle dachten sie wäre mit Kaffee oder Tee befüllt … falsch gedacht. Der Inhalt der Kanne war Wodka, den sie über den Abend verteilt trank. Irgendwann wurde es wohl zu viel.

Oder die Reinigungskraft, die ständig auf die Tanzfläche ging, um abzurocken. Ein seltsames Bild, wenn die Putzfrau im weißen Kittel plötzlich neben den tanzenden Gästen steht.

Ich möchte gar nicht wissen, welchen Schabernack die Klofrauen schon in den Toiletten getrieben haben.

Aus dem Alter bin ich Gott sei Dank raus!

# 10.
## Barkeeper außer Rand und Band

Zu Beginn des Abends bekomme ich immer meinen Drink an der Cocktailbar. Es hat sich so eingebürgert, dass wir vor Betriebsbeginn alle noch kurz an der Bar sitzen und uns ein bisschen unterhalten. Wenn ich mit dem Roller da bin, ist der Drink natürlich ohne Alkohol, das wissen auch alle.

Bin ich aber mit dem Taxi da, versucht das Jungvolk mich abzufüllen. Dann gibt es erst einmal einen Kurzen Jägermeister bevor ich einen alkoholischen Cocktail hingestellt bekomme. An solchen Abenden muss ich wirklich aufpassen!

Unsere Getränke für den Abend – antialkoholisch versteht sich – bringen wir meist selber mit. Sollte ich einmal nicht daran gedacht oder zu wenig eingepackt haben, werde ich von den Barkeepern versorgt. Da achtet jeder darauf, dass es mir gut geht!

Schließlich brauchen sie mich auch alle irgendwann. Egal ob es um verschüttete Getränke,

einen entleerten Magen oder einen Haufen Glasscherben geht.

Ich bin da für meine Arbeitskollegen und sie
auch für mich. Auch unsere Barkeeper trinken
hin und wieder einen über den Durst. Besonders
die Jungs lassen es manchmal richtig krachen.
Naja, sie müssen halt mit den weiblichen Gästen
schäkern und trinken, das steigert den Umsatz.
Mit gesunkener Hemmschwelle kommen sie
dann oft zu mir und klagen mir ihr Leid. Egal ob
Ärger mit der neuen Freundin oder die frische
Trennung von der alten, bei mir wird das Herz
ausgeschüttet.

Auch die Probleme mit so manchem weiblichen Gast bleiben nicht vor mir verborgen. So
gab es eine Dame, die schwerverliebt in einen
unserer Barkeeper war, doch er konnte und
wollte ihre Zuneigung nicht erwidern. Sie ging
sogar so weit, dass sie ihn bis zur Herrentoilette
verfolgte. Als ich sie erwischte, fragte ich nur,
ob sie sich nicht verlaufen hätte.

Sie entgegnete mir, sie warte auf den süßen
Barkeeper, der sie so nett bedient hatte. Als ich
sie darauf hinwies, dass der Mann ihrer Träume
bereits verheiratet und Vater war, zog sie frus-
triert und enttäuscht von Dannen.

Die waren wir losgeworden!

Obwohl ich selbst während der Arbeit nur sehr selten Alkohol trinke, bedeutet das nicht, dass grundsätzliches Alkoholverbot für die Mitarbeiter gilt. Das wäre in einer Diskothek wahrscheinlich auch schwer umsetzbar, schließlich trinkt man mit dem einen oder anderen Gast auch mal einen Schnaps. Trinkfest sind sie alle, egal ob Männlein oder Weiblein, ob Jägermeister oder Wodka-RedBull. Wenn aber dann aus dem einen Schnaps etwas mehr wird, können schon ein paar lustige Geschichte passieren.

So kommt es zum Beispiel schon manchmal vor, dass die Thekenkräfte und die Jungs von der Cocktailbar so sehr einen über den Durst trinken, dass sie nur noch mit den Gästen Party machen und ganz vergessen, dass sie ja eigentlich zum Arbeiten da sind. Ein extremes Beispiel war hier einer der Cocktailbarkeeper. Unsere Chefin fand ihn nach Betriebsschluss schlafend auf der Personaltoilette vor, den Kopf auf der Klobrille abgestützt.

Von einem anderen bekam ich das Angebot, ich solle ihm helfen sein bestes Stück beim Wasserlassen zu halten, es wäre ihm zu schwer. Ich lehnte dankend ab und antwortete nur: „Ich glaub eher dein Rausch zu groß.“

Am nächsten Abend fragte er mich, ob er ausfallend gewesen sei. Ich beruhigte ihn gleich: Alles im grünen Bereich. In meinem Alter schockt mich eine solche Szene nicht mehr.

Konsequenzen bleiben aber nicht aus. Wer sich daneben benimmt, kann auch schon mal mit vier Wochen Arbeitsverbot bestraft werden. Es ist aber nicht nur die Arbeitssperre, die schmerzt, sondern auch die Tatsache, dass man für die nächste Zeit dem Spott des Teams ausgesetzt ist.


Mir gefällt es ja, wie manche unserer weiblichen Gäste auf unsere männlichen Barkeeper abfahren. Sie kleben dann regelrecht am Tresen und versuchen sie zu umgarnen. Ok, zugegeben, sie sind schlank und gutaussehend – richtige Frauentypen eben.

Manchmal passiert es auch, dass einer unserer hübschen Barkeeper während seiner Schicht ein Mädel aufreißt und sich dann alkoholbedingt am nächsten Tag wundert, neben wem er da aufwacht. Durch solche Anbandeleien kommt es dann schon mal zum Streit unter den weiblichen

Gästen. Dies führte in einem Fall so weit, dass sich zwei Mädels um einen Barkeeper zofften, es zu Handgreiflichkeiten kam und einer der Türsteher eingreifen musste, um Schlimmeres zu verhindern.

Trotz mancher Zwischenfälle sind sie ein lustiges und verlässliches Team, selbst wenn sie manchmal zu viel Spaß haben. Auch unsere Chefin weiß, was sie an ihren Leuten hat und drückt daher schon mal ein Auge zu und nimmt vieles mit Humor.

Die meisten Barkeeper sind ja Studenten oder Schüler, die so ihr Studium oder ihren Lebensunterhalt finanzieren. Wir haben aber auch Mitarbeiter, die den Job nebenbei machen und voll im Berufsleben stehen. So arbeiten hier zum Beispiel ein Banker, ein Physiotherapeut, eine Zahnarzthelferin, eine Verkäuferin, und und und … Alle bessern ihre Kasse auf und freuen sich, wenn sie sich zusätzlich etwas leisten können.

# 11.
## Das Gogo-Kammerl

Wenn es gerade ruhig zugeht und ich nicht in den Toiletten gefordert bin, halte ich mich im sogenannten „Gogo-Kammerl" auf. Das ist ein kleiner Raum mit angrenzendem, kleinem Badezimmer, der unter anderem auch als Garderobe für Tänzerinnen und Künstler dient, daher auch der Name. Hier stehen außerdem Waschmaschine und Trockner, wo ich alle benutzten Geschirrtücher und Lappen wasche und anschließend zusammenlege.

Wenn keine Tänzer da sind, wird das Kammerl hauptsächlich von den Barkeepern für Zigarettenpausen genutzt. Zum Ende des Abends hin kommt es schon mal vor, dass mehrere Mitarbeiter gleichzeitig Pause machen und dann eine nette Runde zusammenkommt. Es wird sich über die Erlebnisse des Abends ausgetauscht, über spezielle Gäste amüsiert, aber auch über private Freuden und Sorgen geratscht. Die Tür zu ‚meinem' Kammerl steht immer offen und wie auch für die Gäste habe ich für die Mädels und Jungs ein offenes Ohr und stehe mit Rat und Tat zur Seite.

Wenn eine unserer Barfrauen zur Raucherpause reinkommt und „pssssst" macht und sich dabei den Finger an die Lippen hält, weiß ich schon was geboten ist ... sie hat zu tief ins Glas geschaut. Oftmals wird auch über betriebsinterne Themen heftigst diskutiert. Ich lebe dann nach dem Motto der drei Affen: nichts hören, nichts sehen, nichts wissen. Denn was mir erzählt wird, bleibt bei mir. Ehrensache einer Klofrau.

Wenn die Barkeeper bei mir ihre Raucherpausen machen, fühle ich mich immer an die alte Zeit erinnert, in der man in den Wirthäusern und Bars noch rauchen durfte. Nur, dass da hin und wieder auch etwas anderes geraucht wurde als Zigaretten. Wenn ich mir aber anschaue, was heute drogentechnisch so los ist, waren die paar Joints früher doch wirklich noch harmlos.

Einen der Mitarbeiter von der Security kenne ich schon von klein auf. Dass ich ihm nicht die Windeln gewechselt habe, ist ein Wunder und nun arbeiten wir zusammen in der Disco. Schon ein komisches Gefühl, aber so spielt das Leben. Aus Kindern werden Erwachsene und unsereins wird älter. Wenn man mir vor 15 Jahren gesagt hätte, dass ich mal als Putzfrau in einer Disco lande, hätte ich jedem den Vogel gezeigt.

Auch unsere Garderobendamen machen stets ein freundliches Gesicht und haben ein Lächeln auf den Lippen wenn Gäste sie beleidigen oder beschimpfen, wenn sie ihre Jacken nicht schnell genug bekommen oder wenn sie im Rausch die Garderobenmarke nicht finden.

Durch die verschiedenen Haupterwerbstätigkeiten unserer Mitarbeiter kommen die unterschiedlichsten Berufsgruppen zusammen. So wurden auch schon Arzttermine spontan am Abend in der Disco vereinbart. Bei einem Facharzt bekam ich, dank einer der Garderobenmädels, die hauptberuflich als Arzthelferin arbeitet, innerhalb einer Woche einen Termin (normale Wartezeit 6 Wochen). Es hat also alles seine Vorteile.

# 12.
## La Familia

Wir sind wie eine große Familie in der Disco, wo sich einer auf den anderen verlassen kann. So freundet man sich mit dem einen oder anderen natürlich an und ist dann umso trauriger, wenn jemand, der lange dabei war aufgrund privater oder beruflicher Veränderungen kündigen muss. Dafür kommt natürlich jedes Mal Ersatz und so beginnt das Spiel von Neuem.

Besonders reger Personalwechsel herrscht unter den Lagermitarbeitern, die für das Abräumen und Spülen der Gläser und das Auffüllen der Bars zuständig sind. Einem dieser Runner konnte man unterm Gehen sprichwörtlich die Schuhe binden, so langsam arbeitete er. Nachdem ich ihm nicht mehr zuschauen konnte, wie er mit maximal 1-2 Gläsern zur Spüle schlurfte, schnappte ich mir selbst die Gläser, die sich bereits auf den Tischen stapelten und brachte sie zur Spülmaschine. Dass der nicht lange bei uns war, versteht sich von selbst.

Sogar unsere Chefin springt ein, wenn Not am Mann ist. Doch normalerweise verbringt sie die Abende im Büro und kümmert sich um administrative Angelegenheiten. Außerdem gehört die Videoüberwachung zu ihren Aufgaben. Die ist vor allem deshalb wichtig, um Diebstähle und Streitigkeiten aufzuklären. Auch eine Schlägerei auf der Tanzfläche, bei der ein Gast dem anderen ein Weißbierglas auf den Kopf schlug und der Verletzte zum Nähen ins Krankenhaus gebracht werden musste, konnte durch unsere Sicherheitskameras aufgeklärt werden. Der Täter wurde überführt und von der Polizei in Gewahrsam genommen.

Ja die Arbeit in einer Diskothek ist nicht immer leicht. Harte Zeiten für uns Angestellte sind die Wintermonate. Da es draußen so kalt ist, möchten sich die Gäste natürlich gerne bei uns aufwärmen. Dies wird häufig mit Schnaps getan. Manch einer kann den Kragen nicht voll genug bekommen und so kam es, dass sich einer der Gäste über den Bartresen hinweg übergab und genau das Becken mit den Eiswürfeln erwischte, die für die Cocktails gedacht sind. Nun mussten zügig unsere Abräumer her und das Becken mit dem Eis ausleeren. Ich durfte es sauber machen und den Bartresen sowie den Boden vor der Bar putzen. In dieser Zeit wird viel gekotzt und ich habe Hochkonjunktur. Egal ob Garderobe, Treppenaufgang oder vor dem Zigarettenautomaten – kein Ort ist vor den Hinterlassenschaften unseren Gästen sicher.

In den kalten Monaten – wenn jeder Gast eine Jacke dabei hat – wird eine zweite Garderobe aufgemacht, damit alle Mäntel und Jacken ordentlich verstaut werden können. Die Garderobendamen haben dann immer alle Hände voll zu tun. Sie sind dann froh, wenn sie mal 5 Minuten Pause haben. Die werden dann meist für eine schnelle Zigarette auf dem Raucherbalkon oder bei mir in der Putzkammer genutzt. So bekomme ich dann auch mit, was meinen Arbeitskollegen unterm Abend alles passiert oder welche kuriosen Gäste in dieser Nacht wieder unterwegs sind.

Dass an den stressigen Abenden kaum einer der Barkeeper mehr komplett nüchtern heimgeht, kann wohl auch jeder nachvollziehen. Schließlich gehört es bei ihnen auch zum Job mit den Gästen das ein oder andere Mal anzustoßen. Und wenn man von einem Gast auf einen Schnaps eingeladen wird, kann man ja schlecht nein sagen – das Trinkgeld erhöht sich dann übrigens auch, wodurch die Motivation zusätzlich steigt.

Immerhin: am Anfang jedes Abends wird ausgemacht, wer nüchtern bleibt und die anderen heimfahren kann, so dass niemand in der Disco bleiben muss, weil er zu viel getrunken hat.

An starken Abenden sind besonders die Runner, Abräumer und Spüler gefragt. Sie müssen die leeren Gläser von den Bars und aus dem Tanzbereich zur Spüle bringen, saubere Gläser wieder an die Theken verteilen und darauf achten, dass alle Bars genug Getränke in den Kühlschränken haben.

Ab und zu passiert es, dass einem der Abräumer die Gläser zu Bruch gehen. Da diese aus Sicherheitsglas sind, zerspringen sie in tausend kleine Scherben. Da bin dann ich wieder gefragt, denn einer muss ja auf die Schnelle die Scherben zusammenkehren, damit niemand darauf ausrutscht und sich verletzt.

So wie ich dann zur Stelle bin, sind auch die Abräumer und Runner mir gegenüber stets hilfsbereit. Das Toilettenpapier und die Handtücher werden in der Putzkammer in hohen Regalen gelagert, die für mich nur schwer zu erreichen sind. Deshalb bitte ich meist einen der Lagermitarbeiter um Hilfe, wenn ich etwas von oben aus dem Regal brauche. Natürlich wird mir immer gerne geholfen.

Doch auch hier bestätigen Ausnahmen die Regel.

Als ich einen der Runner, er war noch sehr neu, bat, mir ein paar Rollen Klopapier aus dem Regal herunterzureichen, antwortete er doch tatsächlich, er sei Runner und das sei nicht sein Aufgabenbereich.

Da wurde ich sauer und entgegnete ihm: ‚Du unhöflicher Bengel! Ich zeig dir gleich, was dein Aufgabenbereich ist!‘

Er schaute mich ganz verdutzt an und brachte kein Wort mehr heraus. Was soll ich sagen: Alter geht vor Schönheit.

Wie zur Bestätigung arbeitete auch dieser junge Mann nicht lange für uns, denn ein solches Verhalten wird nicht gern gesehen. Schließlich sind wir eine große Familie und da ist Teamwork angesagt.

# 13.
## Außen Hui innen Pfui

Am schlimmsten, wie ich festgestellt habe, ist jedoch die ältere Generation auf den Ü30-Partys. Da geht's dann so richtig zur Sache. Egal ob Männlein oder Weiblein, man hat manchmal das Gefühl, sie hätten in der Jugend etwas versäumt und müssten dies nun im fortgeschrittenen Alter nachholen. So manche Dame kommt auf jede Ü30-Party und schleppt stets einen anderen Typen ab. Minirock und tiefer Ausschnitt tragen natürlich zur Erfolgsquote bei. Früher bezeichnete man so etwas als anrüchig und zerriss sich hinter vorgehaltener Hand den Mund, heute ist das sexy. Eine der Damen, die regelmäßig an den Ü30-Partys zu Besucht ist, versucht zu jeder Gelegenheit ins Männerklo zu kommen, wobei ich sie, sofern es meine Zeit erlaubt, daran hindere. Dann wird sie ausfallend und so manches Mal sogar handgreiflich. Da ist sie bei mir aber an der falschen Adresse. In meiner Not packte ich sie einmal bei den Haaren und zog sie in den Flur vor den Toiletten, um sie erneut zurechtzuweisen. Die Frisur war ruiniert und sie lief schnurstracks zur nächsten Bar, um ihren Frust zu ertränken. Es vergeht keine Ü30-Party, bei der sie es nicht erneut probiert, aber irgendwann kennt man ja seine Pappenheimer und weiß wie man reagieren muss.

Anständig ist bei den Ü30-Partys eigentlich nur die Musik, denn meist legt unser Chef selbst auf. Das Benehmen der Gäste hingegen lässt oft sehr zu wünschen übrig. Die einen tun es schon fast auf der Bar, die anderen im Gang zu den Toiletten und was dann in den Kabinen geschieht, will ich gar nicht so genau wissen. Geöffnete Reißverschlüsse und hochgeschobene Röcke reichen mir da als Indizien. Einige verlieren dann ganz und gar ihr Schamgefühl und so überrascht es mich nicht, wenn ich am Ende des Abends so manchen Slip im Abfalleimer finde.

Bis auf das Geknutsche und Gefummel in den Gängen – eine Dame zog ihren Stringtanga bereits vor den Toiletten aus und ließ ihn mir als Beweisstück liegen – verlaufen die Ü30-Partys dennoch ruhig. Trotzdem kommt es auch hier vor, dass ich nach Kondomen oder der nächsten Notfallapotheke für die Pille danach gefragt werde.

Alkoholtechnisch stehen die älteren Herrschaften der Jugend in nichts nach. Getrunken wird auch hier hemmungslos, jedoch selten bis zur Bewusstlosigkeit. Je tiefer dann der Ausschnitt der meist viel jüngeren Barfrau ist, desto höher fällt dann auch das Trinkgeld aus. Nur bei der Klofrau wird trotzdem gespart oder im schlimmsten Fall die spärlich gefüllte Trinkgelddose aufgebrochen und geleert.

Wenn es um körperliche Hinterlassenschaften geht, benimmt sich die ältere Generation manchmal schlimmer als die Jugend. Die 18-Jährigen lassen sich wenigstens noch belehren und haben meist auch ein schlechtes Gewissen. So aber nicht die Hauptakteurin bei folgendem Vorfall, sie war grob geschätzt um die 40. Ich erinnere mich, dass sie eine Klokabine benutzte, die ich kurz zuvor gereinigt hatte, und die nach ihrem Besuch voll mit Erbrochenem war. Als ich die Frau aufforderte ihre Hinterlassenschaft – zumindest grob – zu beseitigen, erklärte sie mir, sie wäre Beamtin und würde keinen Dreck machen. Mein Kommentar war nur: „Auch Beamte übergeben sich mal oder wollen Sie mir erklären, dass eine „vornehme" Beamtin ein vollgekotztes Klo benutzen würde?" Sie fühlte sich beleidigt und fragte nach dem Büro unseres

Chefs, um sich über mich zu beschweren Meine Antwort war nur: „Tuen Sie sich keinen Zwang an!" Ich zeigte ihr sogar noch bereitwillig den Weg zum Büro. Dort öffnete ihr allerdings statt der Chefin unsere Kassiererin, bei der sie dann Dampf abließ. Dass solche Beschwerden bei allen Mitarbeitern zum einen Ohr rein- und zum anderen rausgehen, erklärt sich wohl von selbst. Vor allem dann, wenn manche Gäste für ihre Allüren schon diskobekannt sind.

# 14.
## Das erste Silvester

Mein erstes Silvester in der Disco stand an. Das hieß für mich: von 22.30 Uhr bis 10.00 Uhr am folgenden Tag zu arbeiten.

Dem Anlass entsprechend waren die Gäste an diesem Abend alle top gekleidet und wurden von unserer Chefin mit Sekt empfangen, was sonst nur bei den Ü30-Partys der Fall ist. Pünktlich um 24.00 Uhr gab es dann Sekt für jeden – schließlich soll auch das Personal die Chance zum Anstoßen haben – und ein gigantisches Feuerwerk wurde abgeschossen. Wir wünschten uns alle ein gutes und frohes neues Jahr – doch ob das so gut werden würde, sollte sich noch herausstellen. Vor Überraschungen ist man schließlich niemals sicher.

Ein Jahr um das andere vergeht und schon stand die nächste Silvesterparty an und ich wusste: es wird eine lange Nacht mit reichlich Arbeit für mich. Noch bevor um 00.00 Uhr das neue Jahr eingeleitet wurde, lag ein Mädel bewusstlos im

Klo. Einer der Türsteher half mir sie rauszuholen und ihr Freund warf sie sich über die Schultern und beförderte sie nach draußen, der hatte sich den Start ins neue Jahr bestimmt auch anders vorgestellt. Kurz darauf erwischte ich ein Pärchen im nicht gerade romantischen Männerklo, das wohl eine Nummer schieben – also vereint den Jahreswechsel feiern wollte. Nachdem ich die beiden verscheucht hatte, schlug die Uhr Punkt 12. Nun hieß es auch für mich: kurze Pause, mit einem Glas Sekt anstoßen und den Kolleginnen und Kollegen ein frohes neues Jahr wünschen.

Danach schnappte ich mir wieder meinen Putzlappen, kontrollierte die Toiletten auf stehengelassene Sektgläser und machte mich zurück ans Werk. Gegen 1.00 Uhr strömte eine Unmenge von Gästen in die Disco und das gesamte Personal hatte für den Rest des Abends reichlich zu tun. Noch einmal zur Erinnerung: Silvester bedeutet für uns: Öffnungszeit ›Open End‹, das heißt, es kann schon mal bis weit in den nächsten Morgen hinein gehen. Einen Vorfall dieses Silvesters werde ich mit Sicherheit nicht mehr vergessen. Da meinte ein männlicher Gast doch tatsächlich das Pissoir sei eine normale Toilettenschüssel. Er zog seine Hose herunter und setzte sich ins Pissoir. Anschließend rief er nach mir, ich solle ihm Toilettenpapier zum Hintern abputzen bringen. Fürsorglich wie ich bin, brachte ich ihm das Toilettenpapier … und anschließend einen Lappen! Das Pissoir durfte er selbst putzen!

Kurz vor Feierabend, es war immerhin schon 7.00 Uhr morgens, die Toiletten waren schon geputzt, da meinte ein Gast mir noch die Wände vollkotzen zu müssen. Leider hab ich den Missetäter nicht mehr erwischt und so blieb mir nichts anderes übrig, als das Putzen noch einmal von vorne anzufangen.

Das neue Jahr fing also genauso an, wie das alte aufgehört hatte. Während meine Nachbarn zu Hause sich morgens auf den Weg in den Neujahrsgottesdienst machten, fiel ich todmüde in mein Bett.

# 15.
## Rock'n'Roll

Die erste Veranstaltung des neuen Jahres ist eine meiner liebsten: die Rocknacht. Es wird ältere Musik, zu der ich in meiner Jugend schon getanzt habe und Classic Rock gespielt. Die beiden DJs, die nur diese Art von Musik auflegen, haben's drauf und die Gäste rocken von der ersten Minute an die Tanzfläche!

Auch beim Zielpublikum beliebte Getränke, wie Goaßmaß, Jacky-Cola und Asbach-Cola - in Bayern nennt man das dann Rüscherl - dürfen an diesem Abend nicht fehlen. Nur schlimm, wenn um 1.00 Uhr der Kirschlikör für die Goaßmaßen ausgeht und man den nirgends mehr besorgen kann. An diesen Abenden hat jeder alle Hände voll zu tun und wir arbeiten mit Überbesetzung. Für unsere Runner und Abräumer ist es dann wirklich ein harter Job.

Da sich diese Veranstaltung schnell herumgesprochen hat, rennen die Gäste uns an diesem Abend die Bude ein. Unsere Disco ist so voll, man kann sich nicht mal mehr umdrehen. Und die Schlange draußen will und will nicht enden, so warten einige Gäste vergeblich auf den Einlass.

Ausnahmezustand ist angesagt und das gesamte Personal läuft zu Höchstleistungen auf. Doch eines Abends passierte, was passieren musste: um 2.00 Uhr ging das Bier aus, denn mit so einem Ansturm hatte keiner gerechnet und die Kapazitäten unserer Kühlhäuser sind leider auch nicht unendlich.

Einer der Lagermitarbeiter musste sich also ins Auto setzen und zu einer benachbarten Diskothek, die ebenfalls von unseren Chefs betrieben wird, fahren, um Nachschub zu besorgen. In weiser Voraussicht packte er auch noch Whisky und andere Spirituosen, die ebenfalls zur Neige gegangen waren, ein. Doch auch die Nachlieferung hielt nicht lange. Um 4.00 Uhr morgens war unser Kühlhaus leergetrunken. Aber die Gäste waren glücklich und unsere Chefin war noch glücklicher, über den großen Ansturm.

Bis heute wird die Party gut angenommen und da wir nun wissen, was uns erwartet, gehen auch keine Getränke mehr aus.

Mir gefällt an diesem Abend besonders das gemischte Publikum. Die Altersspanne reicht von

18 – 60, der Stil von Rockerkluft bis Abendkleid. Es gibt kein Gemotze, wenn es an der Bar mal etwas länger dauert und die Arbeit der einzelnen Mitarbeiter wird anständig honoriert.

Es gibt keine Raufereien, keinen Streit und kein Gekotze und die Musik ist einfach super. Rock bleibt eben Rock!

Auch die DJs sind immer lustig drauf. Jedes Mal, wenn sie mich sehen, heißt es: „Komm wir trinken einen Jägermeister!“, was ich natürlich nicht ausschlage - Einstimmung auf den Abend muss schließlich sein.

Dass es oft nicht bei einem bleibt, kann man sich ja vorstellen. Das große Getrinke überlasse ich dann aber doch lieber meinen jungen Kollegen.

# 16.
## Sexy Time

Es kommt öfters vor, dass man ein weibliches Wesen in der Männertoilette erwischt. Dann bitte ich sie höflich das Örtchen zu verlassen. So stand ich eines Abends an der Bar und sah wie ein Mädel mit einem Burschen im Männerklo verschwand. Schnell eilte ich hinterher, klopfte an die Kabinentür und bat ihn doch mal aufzumachen. Seine Antwort war, er wäre beim „Scheißen" und wolle nicht gestört werden.

Nachdem ich mittlerweile bereits einige Monate in der Branche tätig war, wusste ich genau, was ich nun zu tun hatte. Also holte ich, wie so oft, jemanden vom Sicherheitspersonal. Gemeinsam gingen wir ins Männerklo, klopften an die Kabinentür und sagten mit scharfem Ton er solle die Tür öffnen. Nachdem wir keine Antwort erhielten, sperrte ich von außen auf. Da saß tatsächlich das Mädel auf der Kloschüssel und der Bursche auf ihr drauf, um sie zu verstecken. Die hatten wir offensichtlich wirklich gestört. „Zieh deinen Slip hoch und dann raus!" hörte ich den Security-Mitarbeiter nur sagen. Mit hochrotem Kopf verließen beide das Klo und wurden freundlich aus der Disco begleitet. Dass manche Mädels sich in dem versifften Männerklo wohlfühlen, ist für mich unbegreiflich.

# 17.
## Puffmutti Helga

Eines Morgens, es war bereits 4 Uhr früh, trat ein weiblicher Gast auf mich zu und fragte, ob ich auch einmal jung gewesen wäre. Blöde Frage, dachte ich mir und antwortete mit „Ja". Was dann kam, war mir in meiner bisherigen Laufbahn noch nicht passiert. Die Frau erklärte mir, dass sie und ihr Freund gerne Sex an außergewöhnlichen Orten hatten und sich unser Discoklo dafür hervorragend anbieten würde. Da es schon spät war und ich entsprechend müde, hinterfragte ich ihr Anliegen nicht mehr großartig und fragte nur: „Sauberes oder versifftes Klo?"

Immerhin – sie entschied sich für die saubere Toilette. Ich bot ihr an, eine der Kabinen im Damenklo zu benutzen und so verschwanden sie in einer der bereits gereinigten Kabinen. Kurze Zeit später kamen die beiden wieder heraus, drückten mir 10 Euro in die Hand und bedankten sich, dass ich ihnen die Toilette zur Verfügung gestellt hatte.

Zu meiner Überraschung informierte sie mich noch, dass sie es doch nicht getan hatten, da ihrem Partner der Druck zu groß gewesen war. Mein Lachen konnte ich kaum vor ihnen verbergen, also nahm ich schnell die 10 Euro, steckte sie ein und machte mich an die restliche Arbeit.

Neben dieser Aufgabe „Schmiere zu stehen" wurden in den vergangenen Jahren noch so einige andere Dienste bei mir erfragt. Bei den Mädchen geht es vor allem um Pflegeprodukte. Da heißt es dann: Hast du mal ein Deo, hast du mal ein Haarspray, eine Handcreme wäre auch nicht schlecht!

Auch nach Kondomen wird regelmäßig gefragt oder welche Apotheke denn gerade noch geöffnet hätte, jemand bräuchte die Pille danach. Da fragt man sich dann, wo die sich schon wieder vergnügt haben.

Bei den jungen Männern ist es aber oft nicht besser. Ein Bursche fragte mich mal, ob ich zufällig einen Rasierer dabeihätte. Er wollte mit einem Mädchen schlafen, das auf Intimrasuren stand und er hätte vergessen sich daheim vorzubereiten. Ich musste leider passen. Kopfschmerztabletten und Pflaster kann ich immer anbieten, aber ein Rasierer gehört leider nicht zur Ausstattung.

Ich warte auf den Abend, an dem sie mich nach vergoldetem Klopapier fragen!

# 18.
## Von unkontrollierbaren Körperreflexen

Wenn eine vollgeschissene Unterhose neben dem Herrenklo liegt, weiß man genau warum diese ausgezogen wurde, denn wer läuft schon freiwillig mit so etwas herum. Auch wenn ich mich oft frage, wie es dazu kommt, passiert es schon mal, dass jemand das Klo nicht mehr trifft und der Haufen dann daneben liegt. Oder jemand das Pissoir mit dem Klo verwechselt und seine große Notdurft dort verrichtet. Das ist dann schon eine Sauerei. Zum Glück, für die Gäste, habe ich noch keinen dieser Missetäter erwischt, denn die dürfte ich nicht in die Finger kriegen. Diesen Dreck müssten sie dann schon selbst wegmachen.

Wenn ich merke, dass jemandem übel ist und er oder sie sich im Klo übergeben muss, sage ich nur: „Triffst du kostet es nichts, triffst du nicht kostet es 20 Euro." Auch wenn ich das Geld nie verlangen würde: die Drohung zeigt jedes Mal Wirkung. Denn die Jugend ist geizig. Wenn sie wieder aus der Kabine kommen, informieren sie mich meistens stolz: „Schauen Sie, ich hab getroffen!"

Ich antworte dann immer: „Brav warst!", Anstrengung muss schließlich belohnt werden. Tja, die Jugend muss man sich erziehen und die meisten haben dann doch noch Respekt vor dem Alter.

Ein Gast übergab sich mal vor meinen Augen ins Pissoir. Ich fragte ihn höflich, ob er die Sauerei bitte wegmachen würde, andernfalls würde es 20 Euro kosten. Vor Schreck begann er sofort das Pissoir mit bloßen Händen zu reinigen, die 20 Euro wollte er wohl doch sinnvoller investieren. Anschließend verließ es die Toilette, ohne sich die Hände zu waschen. Ich konnte noch beobachten, wie er auf der Tanzfläche mit einem Mädchen schmuste. Na Mahlzeit!

Ja, vor allem die ersten Monate waren nicht leicht, denn an solche Geschichten muss man sich erst gewöhnen. Wenn aber die Wände mit Kot beschmiert sind, fragt man sich schon wie manche Gäste das machen. Dass die Männer mal daneben pinkeln, kann man gerade noch nachvollziehen. In der einen Hand das Getränk, in der anderen das beste Stück erfordert nun mal Multitasking. Natürlich wird dann lieber danebenuriniert, das Getränk hat ja schließlich Geld gekostet.

Schlimm wird es nur, wenn die Gläser ins Pissoir gestellt werden, um als Zielscheibe zu fungieren. Treff ich oder treff ich nicht? Meist ist letzteres der Fall.

So pinkelte einer – aus Spaß? Langeweile? – in ein leeres Cocktailglas und stellte es dann am Waschbeckenrand ab. Der nächste, der kam, dachte es wäre ein stehengelassenes Getränk und nahm einen kräftigen Schluck. So schnell er getrunken hatte, so schnell übergab er sich. Ich stand in der Tür, beobachtete das ganze Szenario und konnte mir das Lachen nicht verkneifen. Ein Bild für Götter wie er den Wasserhahn aufdrehte und nach Wasser rang, um seinen Mund auszuspülen.

Der wird bestimmt kein fremdes Glas mehr anrühren.


Auch Klopapier wird oft ins Pissoir geworfen, was dazu führt, dass es irgendwann verstopft und nach mehrmaligem Benutzen überläuft. Dann steht das halbe Klo unter Urin was natürlich nicht angenehm ist. Dazu kommen dann noch die verschütteten Getränke – eine tolle Mischung. Da mach ich mir dann lieber keine Gedanken, ob ich jetzt mehr in Pisse oder doch Alkohol stehe.

Ich weiß gar nicht wie viele in den vergangenen 5 Jahren schon auf dem Klo geschlafen haben. Meist muss dann ein Security-Mitarbeiter aufsperren. Oft sitzen sie dann in ihrem eigenen Erbrochenen und wenn ich sie auffordere, es wegzuputzen, tun sie das mit bloßen Händen. Im Anschluss bekommen sie Begleitschutz nach draußen, wo die Kotzerei weitergeht.

# 19.
## Helga heiß begehrt

Manch einer der Herren meint wirklich die Klofrau sei Freiwild. Doch da ist er bei mir an der falschen Adresse.

Eines Abends klopfte mir ein Gast auf die Schulter und wanderte mit seiner Hand schnell abwärts. Ich drehte mich um und sagte: „Das berühren mit den Pfoten ist verboten." Anscheinend verstand er mich nicht mehr, was ja nicht selten vorkommt, also grapschte er weiter. Zum Glück hatte ich meinen Wischmopp bei mir, an dem ein mit Urin getränkter Lappen hing. Den haute ich ihm um die Beine. Wie schnell der das Weite suchte!

Ich hatte natürlich auch schöne und nette Erlebnisse mit den männlichen Gästen, denn man darf nicht alle über einen Kamm scheren. So kam mal einer zu mir: „Hey Frau."

Ich antwortete: „Hey ist ein ganzes Bauerndorf."

Er erwiderte: „Bitte stehen bleiben."

Nach vielen negativen Erlebnissen dachte ich

zuerst noch: Was will der Typ von mir? Er aber langte nur in seine Hosentasche und gab mir 50 Cent. Das hatte ich nicht erwartet In gebrochenem Deutsch sagte er noch zu mir, er hätte gelernt auch dem Reinigungspersonal immer Trinkgeld zu geben.

Wenn mal alle Gäste genauso gut erzogen worden wären, hätte ich nur 1 Jahr in der Disco arbeiten müssen und meine Rente wäre gesichert gewesen. Da solche Situationen aber eher die Ausnahme sind, werde ich der Disco wohl noch ein paar Jahre erhalten bleiben.

# 20.
# Vandalismus

Wenn ich mal frische Luft brauche, gehe ich auf den Raucherbalkon, der immer gut besucht ist.

Zum Glück war ich an diesem Abend nicht auf dem Balkon, als ein Gast sich bückte, weil ihm das Feuerzeug runtergefallen war und ihm in diesem Moment zusätzlich eine Dose Pfefferspray aus seiner Tasche purzelte. Also bückte er sich erneut und hob das Pfefferspray auf. Als er sich seine Zigarette anzünden wollte, drückte er jedoch nicht sein Feuerzeug, sondern das Pfefferspray. Man hörte nur noch Schreie und sah die Gäste vom Balkon stürmen. Ein Security-Mitarbeiter war sofort zur Stelle, packte den Burschen und brachte ihn mit knallroten geschwollenen Augen zu mir ins Klo, wo er seine Augen auswaschen konnte. Polizei und Notarzt waren schnell zur Stelle und nahmen den jungen Mann mit. Ich hoffe er hat das Rauchen inzwischen aufgehört.

So manches Mal wird auch der Feuermelder mutwilligerweise eingeschlagen. Einmal ging der

Alarm los, keiner wusste was passiert war, ein Brand war jedoch nicht auszumachen und so tanzten unsere Gäste munter weiter, bis die Feuerwehrmänner angerückt kamen. Den Schlauch zum Löschen hatten sie bereits parat und sie waren richtig gierig den nicht vorhandenen Brand zu löschen. Unsere Chefin konnte sie gerade noch davon abhalten, die gesamte Disco unter Wasser zu setzen.

Derjenige, der den Feueralarm ausgelöst hat, wurde im Nachhinein ganz schön zur Kasse gebeten. Er hatte nämlich nicht bemerkt, dass in unserer Diskothek zahlreiche Kameras hängen, die insbesondere die Feuermelder und (Not-) Ausgangstüren filmen.

Wenn zu viel gesoffen wird, wissen einige nicht mehr was sie tun. So musste schon so manches Auto auf dem Parkplatz vor der Diskothek dran glauben. Aber dank der Videoüberwachung werden die meisten Täter gefasst.

Schlimm ist es, wenn es zu einer Massenschlägerei kommt, bei der dann 5 oder 6 Betrunkene auf unsere Sicherheitsleute losgehen. Wird dann die Polizei gerufen, lässt die sich gerne etwas Zeit und kommt erst, wenn alles vorbei ist.

Auch im Männerklo wird des Öfteren gerauft. Einmal war ein solcher Radau, dass ein Gast mit dem Kopf auf dem Waschbecken aufschlug und zum Nähen ins Krankenhaus musste.

In den über 5 Jahren, in denen ich mittlerweile für die Disco tätig bin, habe ich schon viele Mitarbeiter kommen und gehen sehen. Es werden immer wieder neue Lagerarbeiter, Barkeeper und Türsteher angestellt, nur für mich bekommt man schwer Ersatz, denn wer will schon durch Urin waten, wenn mal wieder Papier ins Pissoir gesteckt wurde oder Gläser im Klo abgestellt und mit Urin oder Kot gefüllt werden. Das ist oft nicht gerade angenehm.

Schlimmer jedoch ist die Rotzerei der männlichen Besucher. Da werden die Wände vollgerotzt und angespuckt, bis die Hinterlassenschaften die Wände herunterlaufen. Für mich heißt es dann wieder: Handschuhe bis zu den Ellenbogen hochziehen und das Chaos beseitigen.

Ich frage mich manchmal, woher diese Zerstörungswut bei der heutigen Jugend kommt. Obwohl wir auf der Männertoilette schon Edelstahl-Toilettenschüsseln installiert haben, werden da trotzdem noch die Klodeckel abgeschraubt oder demoliert. Sogar die Wände haben schon Kratzer und Beulen. Bei den Damen sieht es oft nicht besser aus. Da werden die Spiegel mit Lippenstift beschmiert, benutzte Tampons in der Gegend rumgeschmissen oder vollgekackte Slips in den Abfalleimer geworfen. Die erklären dann aber immerhin manch undefinierbaren Geruch in der Damentoilette.

Doch mittlerweile bin ich an Vieles gewöhnt und sage mir immer „nichts ist unmöglich“.


Zu Vandalismus in den Toiletten kommt es nicht nur bei den Burschen, auch bei den Mädchen werden schon mal die Türen eingetreten.

Eines Abends stand ich in der Personalkabine, in der noch weitere Putzutensilien aufbewahrt werden und bückte mich gerade, um mir neue Lappen zu suchen. Da knallte es plötzlich laut und das Türschloss flog mir um die Ohren!

„Das kann ja wohl nicht wahr sein!“, dachte ich mir, schnappte die Übeltäterin und brachte sie zu unserer Chefin ins Büro.

Die erteilte der jungen Dame Hausverbot für die nächste Zeit, ließ sie von einem Security-Mitarbeiter hinausbegleiten und stellte ihr das demolierte Schloss in Rechnung.

Mit steigendem Alkoholpegel werden die Burschen und Mädels häufig sensibler und so passiert es oft, dass gestritten wird und das ein oder andere Glas durch die Gegend fliegt.

Bei einer Streitigkeit konnte sich einer unserer Lagermitarbeiter gerade noch bücken, sonst hätte er das Glas ins Gesicht bekommen.

Während meiner Anstellung in der Diskothek habe ich schon so einige ‚Hausverbote‘ miterlebt. Sei es wegen einer Schlägerei, Vandalismus oder wegen Diebstahls.

So mancher Langfinger wurde schon von unserem Sicherheitspersonal gestellt und im Anschluss der Polizei übergeben. Tja, vor Dieben ist man heutzutage nirgends mehr sicher.

Auch an den Theken kommt es hin und wieder vor, dass offene Flaschen verschwinden. Die diebischen Gäste bedenken dabei aber nicht, dass unsere Tresen videoüberwacht sind und man ihre Taten auf Band genau nachvollziehen kann. Nachdem im Video also der Täter entdeckt wurde, durchkämmt das Sicherheitsteam die Diskothek, um den Dieb zu finden. So werden die meisten Täter dann doch erwischt und oft haben sie ihre Beute noch in der Hand. Lustig wird es meist dann, wenn die Diebe anstatt der erhofften Schnapsflasche nur Fruchtsirup erwischen. Dann wird der gewünschte Rausch schnell zum Zuckerschock!

# 21.
# Fasching

Auch die Faschingszeit ist bei den Jugendlichen sehr gefragt. Obwohl der Fasching bei weitem nicht mehr so groß gefeiert wird wie zu meiner Zeit, gibt es trotzdem einige Sonderöffnungstage bei uns in der Diskothek. Hoch her geht es vor allem am Weiberfasching, da herrscht nicht nur auf der Tanzfläche, sondern auch auf den Toiletten Hochbetrieb. Um die Stimmung bei den jungen Damen anzuheizen, wird bis 00.00 Uhr die Tanzfläche zu einem ‚Ladies-Only‘-Bereich abgesperrt. Männliche Besucher haben keinen Blick auf die Tanzfläche und können nur erahnen, was sich hinter den Vorhängen abspielt. So viel sei verraten: es treten mehrere Stripper auf, die die Mädels mit einer Showeinlage unterhalten. Die mutigsten Damen aus dem Publikum werden dann schon mal auf die Tanzfläche geholt und dürfen testen, wie viel der Stripper wirklich in der Hose hat. Das Gekreische und Gejohle kann man sich vorstellen.

Höhepunkt einer Show war der Tänzer, der

sein bestes Stück nur noch mit einem Hut bedeckte. Er rechnete nicht mit der Dreistigkeit eines Gastes, die ihm den Hut einfach wegriss. Vielleicht wollte sie wissen, wie groß er wirklich war?

Der Feigling verschwand sofort ins Gogokammerl. Dass er ausgepfiffen und ausgebuht wurde, brauche ich wohl nicht zu erwähnen.

An Weiberfasching sind, der Name des Tages lässt es erahnen, vor allem die Mädchen außer Rand und Band. Viele halten sich dann für trinkfester als sie es sind. Die Ergebnisse der Gelage darf ich dann in den Klokabinen bewundern. Eins sei verraten: die wenigsten treffen noch die Schüssel.

Es überrascht auch nicht, dass ich ausgerechnet an diesen Abenden viele Taschen und Handys in den Toiletten finde. Ob sie einfach nur vergessen werden oder weggeworfenes Diebesgut sind, kann man meist nicht mehr nachvollziehen.

Besonders erwähnenswert sind an dieser Stelle noch die Faschingspartys, die von Schulen bei uns veranstaltet werden. Nicht nur sind sie äußert gut besucht, die Schüler sind auch über die

Maßen höflich und gut erzogen. So fällt auch das ein oder andere Trinkgeld für mich ab!

Jahr um Jahr heißt es: Weiberfasching und die Mädels ließen wie jedes Jahr die Sau raus. Da kann man wirklich nur sagen: Wehe wenn sie losgelassen werden.

Zu Beginn des Abends saß ich an der Bar, da mein Kammerl von den Strippern als Künstlergarderobe genutzt wurde. Vom Bareck aus habe ich einen guten Überblick wer wann in welches Klo geht. Nur manchmal musste ich kontrollieren, ob es sich wirklich um ein Weibchen handelte. Zur Erinnerung: am Weiberfasching verkleiden sich auch die Männer gerne mal aus Frau. Aber im Großen und Ganzen wusste jeder wo er hingehört, da hatte ich schon schlimmere Faschingsveranstaltungen erlebt.

In den Morgenstunden war mal wieder ein Herrenklo ewig lang besetzt und so holte ich den Türsteher und wir sperrten die Kabine auf. Da lag er nun, ein junger Bursche mit dem Kopf in der Kloschüssel und kotze was das Zeug hielt. Naja wer saufen will, muss mit den Konsequenzen leben. Nur muss man dann gleich mit dem ganzen Kopf in der Schüssel verschwinden? Das

ist schon ein wenig ekelhaft, aber mich wundert
hier nichts mehr. Als er fertig war, wurde er vom
Türsteher hinausbegleitet

# 22.
## Die Mädchen von heute

Schlimmer als die Burschen sind aber, man glaubt es kaum, die Mädels. Fangen die erstmal an, sich zu prügeln, ist es besser man hält sich raus. Denn dann wird gebissen, gekratzt und an den Haaren gezogen. So manch ein Mädel hat sich ihre Frisur dadurch schon ruiniert oder die aufwendig lackierten Fingernägel abgebrochen.

Mit den Haaren und der Schminke sind die Mädchen ja recht eigen, da muss alles perfekt passen. Aber, dass sie sich mal ein Deo einstecken, ist offenbar nicht drin. So manches junge Ding stinkt dann wirklich wie ein Iltis. Da kann einem ganz schlecht werden.

Was den Alkoholkonsum betrifft, stehen die Mädchen den Jungen in nichts nach. Meine Erfahrung hat eher gezeigt, dass die Mädels es noch mehr übertreiben. So passiert es nicht selten, dass eine auf dem Klo einschläft. Wenn ich merke, dass eine junge Dame länger als 15 min im Klo ist, klopfe ich und frage, ob alles ok ist. Wenn ich keine Antwort erhalte, hole ich jemanden vom Security-Team und dann wird die Tür von außen aufgesperrt.

So war es auch an jenem Abend, als wir ein Mädel splitterfasernackt, schlafend und stockbesoffen auf der Kloschüssel sitzend, vorfanden. Sie trug weder BH noch Slip, nicht einmal mehr Socken hatte sie an. Vielleicht dachte sie, sie wäre bereits daheim?

Doch was sollten wir nun tun? Ein zweiter Security-Mitarbeiter musste her, denn nackt konnte sie ja schlecht die Disco verlassen. Wir versuchten sie wachzukriegen, was uns nach einigen Minuten auch gelang. Sie schaute uns entsetzt an, packte ihre Sachen und wollte gehen Ich konnte sie gerade noch überzeugen, sich erst einmal anzuziehen, wobei die beiden Herren ihr halfen. Danach bestellte man ihr ein Taxi und begleitete sie hinaus. Ich hoffe ja, dass sie gut heimgekommen ist.

Bei einer anderen Aktion im Damenklo wäre ich beinahe davongelaufen.

Ich saß wie immer, wenn es ruhig ist, im Gogokammerl, als einer vom Sicherheitsdienst auftauchte und meinte ich solle mal ins Frauenklo schauen, da stinke es stark nach Fäkalien.

Ich tat wie geheißen. Den Gang zum Klo entlang bemerkte ich schon lauter braune Flecken auf dem Boden, die entsetzlich stanken. Ich öffnete die Tür zur Damentoilette und mir Schlug ein Gestank entgegen, von dem mir ganz schlecht wurde. Unter einem der Türschlitze der Kabinen sah ich einen Kopf liegen. Der Sicherheitsdienst musste her, also lief ich zum DJ-Pult, wo einer der Security-Mitarbeiter stand. Der musste nun dran glauben und mit mir kommen. Wir sperrten das Klo auf und was wir vorfanden, war ein Bild des Grauens!

Ein Mädel lag bewusstlos auf dem Boden, die Wände, die Kloschüssel, der Boden und sie selbst waren über und über mit Kot und Kotze beschmiert. So etwas hatte selbst ich in all den Jahren bis dahin nicht gesehen. Die langen blonden Haare hatten braune Strähnen. Was sollten wir tun?

Mein erster Gedanke: Ein Notarzt muss her! Also riefen wir den Rettungsdienst und ein paar Minuten später kamen der Notarzt, zwei Sanitäter und zwei Polizisten. Nachdem einer der Polizisten das Mädel erblickte, suchte er selbst gleich die nächste Toilette. Ich bat ihn nur nicht daneben zu kotzen, denn ich hatte keine Lust auch noch seine Überreste wegzuputzen. Der Arzt bat mich den Kot ein wenig vom Boden zu wischen, damit er das Mädchen untersuchen konnte, ohne reinzutreten – gesagt getan! Danach weckten sie das Mädel, wickelten sie in eine Decke und brachten sie über den Notausgang nach draußen zum Krankenwagen. Die Schwestern im Krankenhaus werden mit ihr die reinste Freude gehabt haben, genauso wie ich, denn ich musste ja nun den Dreck wegmachen.

Mensch war mir übel! Nach der getanen Drecksarbeit sah unser Barkeeper mir direkt an, dass ich einen Schnaps brauchte. Bei dem einen blieb es nicht, unsere Bardamen versorgten mich fleißig mit Jägermeister. Zum Glück musste ich nicht mehr lange arbeiten, denn an diesem Abend war ich das erste Mal sehr betrunken, was aber jeder verstand.

Ich war noch nicht mal mehr in der Lage die Toiletten wie jeden Abend nach Betriebsschluss gründlich zu putzen. Ich lief nur noch ins Büro, holte mein Geld und fuhr heim. Am nächsten Tag entschuldigte ich mich bei meiner Chefin, die aber vollstes Verständnis für meine Situation hatte.

Mit steigendem Alkoholspiegel gibt es bei den meisten Damen keine Hemmschwelle mehr. Eines Abends kam ein Mädel zu mir, ob ich einen Slip hätte, ihrer wäre gerissen und das unter dem Minirock. Nicht ideal. Ich schüttelte entschuldigend den Kopf. Zu meiner Überraschung antwortete sie mit „Nicht so schlimm“. Später sah ich sie dann noch breitbeinig auf der Tanzfläche. Wenn da mancher Bursche gewusst hätte was da unter beziehungsweise nicht mehr unter dem Rock war.

Manche Mädchen sind so dermaßen unvorteilhaft gekleidet, da wird es einem schlecht!

Oft denke ich mir: „Hast du keinen Spiegel zu Hause?“

So gibt es die eine Sorte, die leider ein paar Pfunde zu viel auf den Rippen hat und trotzdem alles herzeigt, was sie hat. Sowas nennt man dann wohl Selbstbewusstsein. Und dann gibt es die andere Sorte, die zwar bildhübsch ist, aber angezogen wie eine graue Maus.

Ja, der passende Kleidungsstil will gefunden und gelernt sein.

Auch die Schminke finde ich manchmal fragwürdig. Viele sind angemalt wie ein Papagei, dabei hätten sie das gar nicht nötig.

Ich frage mich, wie viele Burschen schon einen Schock bekommen haben, als sie morgens die ungeschminkte Wahrheit neben sich fanden.

Natürlich gibt es unter den weiblichen Gästen auch junge Mütter und so manche meint etwas versäumt zu haben. Die schmeißen sich dann den Burschen ohne Rücksicht auf Verluste an den Hals. Die Kleider werden immer kürzer und die Absätze immer höher.

So passiert es auch, dass die ein oder andere in den Schuhen umknickt und sich den Knöchel verstaucht. Dumm nur, wenn das in der Toilette passiert, das Mädel ausrutscht und mit den Händen in der Kloschüssel landet. Doch auch das ist meistens kein Problem, die Hände werden am Kleid abgewischt und weiter geht's! – Nicht gerade appetitlich.

Es passiert schon mal, dass die Mädels sturzbetrunken sind und von ihren Freundinnen gestützt werden müssen, wenn sie die Toilette verlassen. So manch eine vergisst dabei, dass sie ihren Slip noch gar nicht richtig hochgezogen hat. Das kommt aber Gott sei Dank doch relativ selten vor. Eine junge Dame wies ich mal darauf hin, dass sie ihre Unterwäsche verlieren würde. Ihre Antwort war nur: „Mir egal, mein Schuh ist auch schon weg."

Da fällt einem nichts mehr ein!

Doch nicht nur die Mädchen gehen mit ihrer Unterbekleidung sehr spendabel um. Es kommt auch vor, dass ich auf der Herrentoilette Unterwäsche – keine weibliche! – finde. Wenn die Unterhose dann aber voll mit Blut ist, frage ich mich schon, was da wohl passiert sein mag.

Blut finde ich allgemein sehr oft im Männerklo. Entweder hat wieder jemand gerauft, was nicht selten der Fall ist, oder jemand ist im Suff ausgerutscht und hat mit dem Kinn die Kloschüssel geküsst.

Eines Abends lag mal wieder ein Mädchen in der Klokabine und man sah nur noch die Haare unter der Tür hervorblitzen. Wie gewohnt holte ich einen der Sicherheitsmitarbeiter, erwischte jedoch einen Neuling, der sofort die Kabinentür eintreten wollte. Ich konnte ihn gerade noch bremsen und bat ihn, doch einfach über die Tür zu steigen und die Kabine von innen zu öffnen.

So konnten wir das Mädchen rausholen und an die frische Luft bringen. Der junge Türsteher hatte jedoch einen Fehler gemacht: er hatte keinen zweiten Kollegen dazu geholt. Vor allem bei den betrunkenen Mädchen muss man extrem vorsichtig sein. Man weiß nie wie sie reagieren, wenn sie wieder wach werden. Einige haben schon geschrien und um sich geschlagen, weil sie in ihrem Delirium dachten, sie würden vergewaltigt werden.

Als wir dieses Mal die Tür öffneten, fanden wir ein Mädchen halbnackt, mit heruntergelassenem Slip auf der Kloschüssel schlafend. Da sie dadurch tiefe Einblicke erlaubte, schickte ich den Security-Mitarbeiter los, weibliche Hilfe in Form einer der Bardamen zu organisieren.

Nachdem eine der Kolleginnen kam, bat ich sie mir zu helfen. Also hoben wir das Mädel hoch, die Bardame hielt sie fest, während ich ihr den Slip und anschließend die Hose hochzog. Dann erlaubten wir dem Türsteher wieder Zutritt, der sie sofort nach draußen brachte. In all dem Trubel vergaßen wir ganz auf die Handtasche des Mädchens zu achten. Die brachte ich am Ende des Abends zu unserer Chefin ins Büro.

Gott sei Dank war das noch einmal gut ausgegangen!

# 23.
## Mamma mia!

Das bekamen eines morgens zwei Italiener zu spüren.

Ich fing wie immer gegen 4.00 Uhr morgens an, die Kabinen der Herrentoilette zu putzen und lehnte die Tür an. Am Pissoir standen noch zwei Gäste. Auf einmal riss ein Gast die Tür auf und fuchtelte mit seinem besten Stück vor meinen Augen herum. Ich schrie ihn an und forderte ihn auf zu verschwinden, was er auch tat. Als ich meinen Wassereimer in die Kabine tragen wollte, kam der andere Gast auf mich zu und hielt mir ebenfalls sein bestes Stück unter die Nase. Das wurde mir zu viel. Da ich eine Flasche Glasreiniger in der Hand hielt, sprühte ich ihn und sein Gemächt damit voll. Er verschwand schleunigst Richtung Ausgang und ich begab mich zu den Waschbecken. In diesem Moment drehte sich der Gast um und schlug mir mit der Faust ins Gesicht. Mir wurde schwindelig und ich ging zu Boden. Der Mann verließ die Herrentoilette. Gott sei Dank kam in diesem Moment unser DJ. Er sah mich am Boden und fragte was passiert sei. Ich stammelte nur, dass zwei Typen mich belästigt hätten und einer mich gerade geschlagen hätte. Sofort wurde unser Sicherheitspersonal verständigt, die Disco abgesperrt und nach den Tätern gesucht, die seelenruhig auf der Tanzfläche weiter tanzten. Unsere Security-Mitarbeiter packten sie und brachten sie zu unserer Chefin. Auch ich ging ins Büro, wo dann die Polizei verständigt wurde. Unsere Chefin war total entsetzt und konnte nicht begreifen was passiert war. Der eine Gast konnte gut Deutsch, der andere nur Italienisch. Er saß da wie ein Häufchen Elend und man hörte ihn nur noch „oh mamma mia" sagen. Doch all das Flennen half nichts. Die Polizei traf ein und führte ihre Befragungen durch. Danach wurden beide mit zur Wache genommen. Der Polizist fragte noch, wie es mir ginge und verständigte vorsichtshalber einen Krankenwagen, der mich ins Krankenhaus brachte. Dort wurde ich untersucht und geröntgt, ob irgendwas gebrochen sei. Da ich nur Prellungen hatte, konnte ich wieder nach Hause. Ich rief meinen Sohn an, der mich abholte und heimfuhr. Am kommenden Nachmittag besuchte ich die Pizzeria, in der die beiden italienischen

Gäste – sie waren stadtbekannt – arbeiteten und forderte Schmerzensgeld. Zuerst wurde ich auf den nächsten Tag vertröstet. Also schaute ich am nächsten Tag wieder vorbei und fand den Onkel der beiden Übeltäter vor. Er erklärte mir, er hätte 4000 Euro Sicherheitsleistung für seine Neffen aufbringen müssen. Doch er versprach mir Schadensersatz zu zahlen, wenn ich die Anzeige gegen seine Neffen bei der Polizei zurücknehmen würde. Dies tat ich nicht. Stattdessen schaltete ich meinen Rechtsanwalt ein!

Mein Mann bat mich den Job aufzugeben. Ich antwortete nur: „Das ist Berufsrisiko.“

# 24.
# Summer in the City

Besonders im Sommer ist der Betrieb bei uns recht wechselhaft und man kann eine Flaute spüren. Wenn alle am See oder im Garten private Partys feiern oder ihr Geld auf den zahlreichen Volksfesten in der Umgebung verprassen, denken die wenigsten daran noch eine Disco zu besuchen.

Nur dumm, wenn wenig los ist und weniger Personal benötigt wird. Dann wird ein Teil der Barkeeper schon früher abgerechnet und vor Ladenschluss nach Hause geschickt. Natürlich sind die meisten von uns auf dieses Geld angewiesen, viele der Mitarbeiter befinden sich noch in der Ausbildung oder im Studium und finanzieren so ihren Lebensunterhalt. Auch bei mir ist es schon vorgekommen, dass ich um 1.00 Uhr morgens nach Hause bin und die Disco um 3.00 Uhr zusperrte. Jeder Abend ist halt anders.

Um den Gästen auch außerhalb der Disco etwas zu bieten, veranstalten wir im Sommer ein Farb- bzw. Beachfestival auf einem großen Freigelände. Im Anschluss kann dann bei uns im Club weitergefeiert werden. Zu meinem Leidwesen kommen die Burschen und Mädels dann voll mit Farbe beschmiert oder kiloweise Sand in den Taschen in die Disco. Die Reste des Festivals finde ich dann in den Toiletten und bin natürlich extra beschäftigt, Farbe und „Beach" wieder vom stillen Örtchen zu entfernen.

Auch an einem dieser Abende lag mal wieder ein Mädchen in einer der Klokabinen. Wie üblich, sah ich nur noch die Haare unter dem Türschlitz hervorblitzen und bat einen Security-Mitarbeiter um Hilfe. Wir öffneten die Tür und sahen das Mädel auf dem Boden der Kabine liegen. Auf der Kloschüssel saß währenddessen ihr Freund, der ebenfalls eingenickt war. Das muss eine langweilige Nummer gewesen sein, wenn beide dabei eingeschlafen sind. Hätten sie doch besser das Bett daheim genutzt!

Gerade in den Sommermonaten, wenn es richtig heiß ist, entledigt sich so manch einer seiner Kleidungsstücke. Slips, ja sogar BHs werden dann ausgezogen und vergessen oder unterwegs verloren. So passierte es, dass ein Mädchen das Klo verließ und auf dem Weg zur Tanzfläche ihre Hose verlor und nur im Slip vor den anderen Gästen stand. Sie hatte wohl vergessen ihre Hose wieder ordentlich zuzumachen. Mann wurde die rot!

Ein anderes Mal kam eine junge Dame zu mir in die Toilette. Der Reißverschluss ihres Minirocks hatte mitten unterm Tanzen seinen Geist aufgegeben.

„Kannst du ihn reparieren?" war ihre Frage an mich. Bei allem Improvisationstalent: Hier musste ich leider passen, da war nichts mehr zu machen. Wie sie den restlichen Abend mit kaputtem Rock verbracht hat, kann ich nicht sagen. Auf jeden Fall war ihr die Geschichte sichtlich peinlich.

In den Sommermonaten leisten unsere Barfrauen und Barkeeper einiges, denn je wärmer es ist, desto mehr wird gesoffen. So kann es schon mal sein, dass an einem Abend etliche 3l Flaschen Wodka über die Theke gehen, denn Wodka wird von der Jugend bevorzugt. Besonders Wodka-RedBull ist gefragt. Ehrlich, mir schmeckt das nicht, dann lieber einen Jägermeister.

# 25.
## Abi – Abi -Abituuur

Die Abi-Partys sind oftmals ziemlich krass! In einer Stadt mit mehreren hundert Abiturienten im Jahr ist in der Zeit zwischen letzter Prüfung und Zeugnisvergabe so einiges geboten. Nachdem es Tradition ist, dass die frischgebackenen Abiturienten bis zur Entlassungsfeier Latzhosen tragen, sind sie auch von Außenstehenden schnell zu identifizieren. So kommen dann die Jugendlichen mit ihren Abihosen in die Disco und meinen die Sau rauslassen zu müssen, da sie die Abiturprüfungen endlich hinter sich haben und das Ende der Schulzeit eingeläutet wird. Leider sind die meisten nicht so trinkfest wie sie es gerne wären und so wird in der Gegend rumgekotzt. Da kann ich mich dann nicht über zu wenig Arbeit beschweren. Man ist halt nur einmal jung und das nutzen die Mädchen und Jungs aus. Dass es manchem dann doch peinlich ist, wenn er oder sie sich im VIP Bereich übergibt und eine volle Ladung des Mageninhaltes auf Tischen und Boden hinterlässt, stellt meinen

Glauben an die Jugend dann doch wieder her. Trotzdem gibt es auch andere, die meinen sie seien etwas Besonderes. Auch wenn Beschimpfungen mir gegenüber nicht an der Tagesordnung sind, so kommen sie doch immer wieder mal vor. Sätze wie: „Na Putze kannst endlich mal sauber machen." Oder: „Meine Schuh könntest auch gleich noch polieren", sind im Laufe der Zeit schon des Öfteren gefallen.

Da werde ich dann sauer, denn von solchen Rotzbengeln, die meine Enkel sein könnten, lasse ich mich nicht blöd anreden. Wenn sie Pech haben, fliegen sie hochkant aus dem Club.

# 26.
## Heid samma wuid und laut

Zur Volksfestzeit geht es hoch her. Auch wenn die Tage stressig sind, genießen wir sie doch jedes Jahr aufs Neue. Es ist schon recht lustig wenn die Gäste mit Lederhose und Dirndl in die Disco kommen. Da ist so mancher fesche Bub und so manches hübsche Mädel dabei. Leider überschreiten die jungen Damen mit Bier und Schnaps hin und wieder ihre Grenzen und so ist es in dieser Zeit Gang und Gebe, jemanden zu wecken, der auf dem Klo eingeschlafen ist. So wurde es besonders während des Volksfestes zur Routine, am Schluss der Veranstaltungen zu kontrollieren, ob nicht doch noch jemand seinen Rausch im Klo ausschläft.

Da man den Gästen permanent etwas bieten muss, gab es während des Volksfestes mehrere Abende, an denen eine Blaskapelle auftrat. Unsere Gäste waren vollauf begeistert. Blasmusik in einer Disco ist schließlich nicht alltäglich, doch da die Gäste vom Bierzelt bereits darauf eingestimmt waren, passte es zur bisherigen Stimmung und wurde voller Freude angenommen.

Um der Disco das entsprechende Ambiente zu verleihen, wird vor den Volksfesttagen immer fleißig dekoriert. Unter anderem hängen hunderte von Lebkuchenherzen von der Decke, die am letzten Abend „geklaut" werden dürfen. Da die Herzen mit dem Namen der Disco beschriftet sind, konnte so manches Mädel am nächsten Tag herausfinden, wo sich ihr Freund am Abend zuvor herumgetrieben hatte. Manch ein Gast musste es natürlich übertreiben und schnappte sich gleich fünf oder sechs Herzen. Na ja, vielleicht hat er auch mehrere Herzdamen und wollte keine vernachlässigen!

An ausgewählten Tagen gibt es auch noch ein Weißwurst-Frühstück, das bei den Gästen – und auch beim Personal – besonders gut ankommt. Wer kennt es nicht: Im Laufe der Partynacht setzt ein Hungergefühl ein, das unbedingt gestillt werden muss. Da kommen so ein Paar Weiße mit Breze und Senf genau recht. Dass das natürlich zu einer riesen Sauerei führt, muss ich, glaube ich, nicht weiter erwähnen. Am schlimmsten ist es, wenn die übriggebliebenen Weißwürste am Ende des Abends vergessen werden und dann bis zum nächsten Öffnungstag (manchmal auch erst 4-5 Tage später) im Kochtopf vor sich hinschwimmen. Das sorgt für ein besonderes Aroma und eine böse Überraschung bei den betroffenen Barkeepern und Runnern. Gott sei Dank fand sich bisher immer ein mutiger Lagermitarbeiter, der das Malheur entfernte.

Während der Volksfestzeit arbeiten auch unsere Bardamen und Barkeeper traditionell in Dirndl und Lederhose, was dem ganzen viel Flair verleiht. Mir ist das zum Glück bisher erspart geblieben. Eine Klofrau im Dirndl ist eben nicht gerade zweckmäßig. So darf ich meinen Dienst auch zur „5. Jahreszeit" mit Hose, T-Shirt und Turnschuhen verrichten.

Wenn ich nach einem langen Abend endlich nach Hause komme, ziehe ich die Turnschuhe im Treppenhaus aus. Die müssen immer stark stinken, denn sogar unser Hund schüttelt sich jedes Mal in der Früh, wenn er kurz daran schnüffelt.


Wenn die Diskothek ihre Pforten wieder schließt, herrscht bei den ansässigen Taxiunternehmen Hochkonjunktur.

Da passiert es schon mal, dass es zu Handgreiflichkeiten kommt, wenn zwei oder mehrere das gleiche Taxi benutzen wollen. Wenn dann auch noch der Taxifahrer selbst aussteigt, um den Streit zu schlichten, wird es brenzlich.

Es kam schon mal vor, dass ein Taxifahrer während des Streits seiner zukünftigen Fahrgäste zusammengeschlagen wurde und unser Sicherheitspersonal die Polizei rufen musste. Obwohl der Parkplatz vor der Diskothek streng genommen nicht mehr zum Refugium unserer Türsteher gehört, kümmern sie sich trotzdem um die Zwischenfälle, die vor der Tür passieren.

Denn die meisten Schlägereien finden zum Betriebsende hin – wenn die meisten einfach zu tief ins Glas geschaut haben – vor der Tür statt. So kann es auch passieren, dass der Krankenwagen direkt vor der Disco auf seine nächste Kundschaft wartet.

Auch die Polizei fährt regelmäßig Patrouille über den Parkplatz vor unserer Diskothek oder wartet nur auf den Anruf unseres Sicherheitspersonals.

Bei so mancher Schlägerei, nach der anschließend die Polizei gerufen wurde, war ich plötzlich in Besitz von Pfefferspray, das mir einer der Streithähne noch schnell zusteckte, bevor er seine

Zeugenaussage bei den Beamten machte. Sobald die Polizisten die Disco verließen, wurde auch das Spray wieder bei mir abgeholt.

Für uns Angestellte ist es immer ein besonderer Tag, wenn es heißt: gemeinsamer Ausflug zum Betriebsabend im Volksfest. Wir treffen uns also am Abend in der Disco, packen Luftballons und anderes Promotionmaterial der Disco ein und marschieren anschließend Richtung Volksfest. Um unterwegs unseren Durst zu stillen, immerhin sind es fast 2 km bis zum nächsten Bierzelt, nehmen einige Mitarbeiter Jägermeister und Feigling aus dem Kühlhaus mit. Immer wieder wird auf dem Weg gestoppt und der Proviant verzehrt, bis wir im Bierzelt ankommen, sind die Kartons alle leer – es verspricht also ein rauschiger Abend zu werden. Da wir unseren Betriebsabend jedes Jahr im gleichen Bierzelt feiern, kennt uns die Bedienung schon und freut sich entsprechend uns zu sehen. Als Personal einer Diskothek sind wir natürlich gute, trinkfeste Gäste und auch unsere Chefs lassen sich nicht lumpen – was dem Umsatz der Bedienungen zu Gute kommt. Nach dem gemeinsamen Essen – jeder braucht eine anständige Grundlage – fließt das Bier, wie erwartet, in Strömen. Ehe man sich versieht, hat so mancher schon die zweite oder dritte Maß vor sich stehen. Mit steigendem Alkoholpegel steigt auch die Stimmung und bald wird auf den Bierbänken getanzt und zur Musik geschunkelt. Um die Stimmung weiter anzuheizen, wird noch so mancher Schnaps von unseren Chefs bestellt. Einer der Barkeeper wollte sich dann einmal mit einem dicken Bussi bei unserer Chefin für die großzügige Spende bedanken, er konnte aber noch zurückgehalten und mit einem weiteren Schnapserl besänftigt werden.

Wie bei einem Kindergartenausflug begeben wir uns im Anschluss im Gänsemarsch in ein anderes Bierzelt, in dem einer unserer Barkeeper während der Volksfestzeit an der Bar bedient. Dort wird dann munter weitergefeiert und der Alkohol macht sich nach und nach bemerkbar. Zum Schluss des Volksfestbesuches lässt unser Chef meist noch Sekt an einem weiteren Stand kaltstellen, der auch noch von uns vernichtet wird. Zuvor wird aber noch gemeinschaftlich mit einem der zahlreichen Fahrgeschäfte gefahren – definitiv nichts für einen schwachen Magen!

Mir bleibt die Fahrt Gott sei Dank jedes Mal

erspart, manchmal zahlt sich mein Alter eben doch aus.

Nach der Fahrt stehen einige der Mitarbeiter meist ziemlich derangiert am Wegesrand – Alkohol und wilde Fahrgeschäfte vertragen sich halt nur bedingt. Nachdem ich das Ganze etwas beobachtet hatte, raunte ich unserem Chef nur zu „Gut, dass ich es nicht wegputzen muss, sollte sich einer von ihnen übergeben müssen!"

Nachdem die Buden im Volksfest langsam schließen, machen wir uns noch gemeinschaftlich auf den Weg in eine Bar. Da sich die Gastronomen untereinander gut kennen, stellte sich unser Chef einmal kurzerhand selbst hinter die Theke und mixte uns die Getränke, die so manchem den Rest gaben. Die einen knutschten in der Ecke, die anderen mussten die Toilette aufsuchen.

Ich torkelte lieber zum nächsten Taxistand, der glücklicherweise gegenüber der Bar war und fuhr heim. Auch ich musste daheim das stille Örtchen aufsuchen, aber zum Glück hatte ich genug Zielwasser getrunken, sodass nichts daneben ging. Die anschließende Nacht war grausam. Die Karussellfahrt, die ich auf dem Volksfest noch ausgelassen hatte, holte ich nun im

Bett nach. Eine Bremse konnte ich nicht finden. Mensch war mir schlecht!!

Nach dem Volksfest wird es dann meist etwas ruhiger. Ist ja klar, die meisten haben kein Geld mehr und die Urlaubszeit ist Ende August ja auch voll im Gange. So passiert es, dass wir freitags ab und zu geschlossen haben. Dafür ist an den Samstagen umso mehr los und ich kann mich vor Arbeit oft nicht retten.

Trotzdem war nun auch für mich die Zeit gekommen, meinen wohlverdienten Sommerurlaub anzutreten. Ich nahm mir also eine Woche frei und genoss den Urlaub in vollen Zügen. Natürlich hatte man eine Vertretung für mich organisiert.

Sobald die Sommerferien vorbei sind und es langsam Herbst wird, herrscht bei uns wieder Hochbetrieb. Die Jugendlichen besuchen wieder in Scharen die Disco. Manch einer kommt allein und geht zu zweit oder kommt zu zweit und geht alleine. So bleibt auch die ein oder andere Jacke an der Garderobe hängen. Diese werden dann im Büro aufgehoben und können am nächsten Öffnungsabend wieder abgeholt werden. Ich verstehe bis heute nicht, wie man seine Jacke vergessen kann, wenn es draußen kalt ist. Denen muss offensichtlich so heiß sein, dass sie draußen nicht frieren. Der Alkohol machts aus. Bei den kalten Temperaturen nimmt auch die Knutscherei in den Toiletten wieder zu. Natürlich, man sucht sich ja jemanden, der einem im Anschluss an die Disco das Bett wärmt. Wer keinen Partner zum Aufwärmen findet, greift dann oftmals auf den Alkohol zurück und man ahnt es schon: ich hatte wieder Hochsaison und war reichlich beschäftigt den Überschuss an Alkohol, den manch einer nicht bei sich behalten konnte, wegzuwischen.

# 27.
## 16-Jährige

Die 16er-Partys sind schlimm. Zwar dürfen die 16-Jährigen offiziell nur Bier trinken und unsere Barkeeper sind angewiesen keinen harten Alkohol an sie auszuschenken, aber irgendwo bekommen sie den Schnaps halt doch her, sei es von Freunden oder Bekannten, die schon über 18 sind, oder sie trinken den Schnaps schon bevor sie unseren Laden betreten. Die Dreistigkeit der Jugend kennt auch hier keine Grenzen. Ich stelle mich an diesen Abenden auf reichlich Arbeit und so manche Konfrontation ein. Schließlich meinen einige Halbwüchsige sie wären die Kings des Abends.

So wies mich ein junges Mädel darauf hin, ein auf den Boden gefallenes Blatt Klopapier störe sie und ich solle das doch sofort wegräumen. Freundlich wie ich bin, antwortete ich nur: „Wenn dich das bisschen Papier hier stört, dann heb es doch einfach selbst schnell auf!" Daraufhin wurde sie so ausfallend und aggressiv, dass ich einen Security-Mitarbeiter rufen musste, der sie dann freundlich hinauseskortierte.

Auch andere Ausfälligkeiten kommen bei den 16er-Partys regelmäßig vor. So musste ich mir schon Sätze wie:

„Was will die blöde Klo-Tussi" anhören.

Denen verpasse ich dann meist einen verbalen Einlauf. Alles muss man sich schließlich nicht gefallen lassen!

Manche meinen auch ellenlange Telefonate auf der Toilette führen zu müssen. Wenn ich dann vorsichtig anklopfe und sich niemand meldet, hole ich den Türsteher, der die Tür von außen öffnet. Das Geschrei ist dann oft groß, von wegen was wir uns einbilden würden.

Liegen sie aber bewusstlos oder kotzend in der Kabine sind sie froh, wenn ihnen jemand hilft und ein Glas Wasser bringt.

Schlecht ist es vor allem, wenn sie vor lauter Übelkeit die Handtasche mit der Kloschüssel verwechseln oder sich, wie ein Gast, in die eigenen Stiefel übergeben. Warum sie die ausgezogen hat, kann ich nicht nachvollziehen.

Ein anderes Mädchen suchte vergeblich den Ausgang aus der Kabine, dabei hätte sie sich nur umdrehen müssen und die Kabinentür öffnen. Doch sie zwar zu betrunken, um das noch zu realisieren. Ich leitete sie dann an und sie konnte sich selbst „befreien".

# 28.
## Rambazamba

An manchen Abenden ist die Disco so brechend voll, dass sich eine gefühlt kilometerlange Schlange vor der Damentoilette bildet. Klar: mit steigendem Alkoholpegel steigt auch der Harndrang. Für mich heißt es dann immer: durchs Gedränge kämpfen, damit wichtige Toilettenutensilien wie Klopapier, Seife und Handtücher nicht ausgehen.

Hin und wieder findet man dann auch verlorene Münzen, deren Besitzer sich nicht mehr auftreiben lässt. Das betrachte ich dann als mein Trinkgeld. Geldbörsen und Ringe, die nach dem Händewaschen am Waschbecken liegen bleiben, sammle ich und bringe sie ins Büro, wo sie dann auf ihre Besitzerinnen warten können. Oft kommt es aber vor, dass Gegenstände nicht mehr abgeholt werden und dann frage ich mich: vermisst die denn niemand?

Immerhin, wenn ein solcher Hochbetrieb herrscht, wird es wenigstens für niemanden langweilig. Schwierig wird es dann, wenn jemand in der Toilette umkippt und wir die Sanitäter rufen müssen. Die müssen sich dann ebenso durch das Gewühl kämpfen wie ich.

Auch die Getränke, die in den Toiletten stehengelassen werden, sammle ich dann ein und stelle sie in einen leeren Kasten. Den übergebe ich dann einem der Runner, sobald er voll ist. Über den Abend verteilt, kommt da einiges zusammen.

Viele der Getränke werden mit steigendem Alkoholpegel verschüttet. Dementsprechend klebt am Ende des Abends der Boden. Teilweise so schlimm, dass man mit den Schuhen haften bleibt. Das zu beseitigen, ist aber Gott sei Dank nicht meine Aufgabe. Dafür ist eine extra Putzfirma engagiert, die am Folgetag den Boden der Diskothek reinigt. Um diese Arbeit beneide ich sie nicht.

Vor allem nicht nach Veranstaltungen, an denen Konfetti geschossen wurde oder Servietten verteilt wurden, weil es etwas zu essen gab.

Mir reichen nach jedem Abend schon die Toiletten, die bei den Herren oft mit Urin versifft sind. Besonders schlimm ist es, wenn jemand Klopapier in die Pissoirs geworfen hat.

Da denke ich mir dann „Augen (und Nase) zu und durch!"

Auch bei den Damen ist es hin und wieder recht unordentlich. Vor allem dann, wenn im Suff die Abfalleimer umgeworfen werden und die OBs durch die Gegend fliegen oder wenn sich anstatt in die Schüssel in den Abfalleimer übergeben wird.

Oft liegen auch zerschlagene Gläser in den Kabinen. Dann müssen zuerst die Scherben beseitigt werden, bevor ich mit dem eigentlichen Putzen anfangen kann.

Manchmal wäre ein Hochdruckreiniger echt nicht schlecht!

# 29.
## Besondere Abende

Hin und wieder treten auch Prominente bei uns auf. Sei es, um aufzulegen, zu tanzen oder zu singen. Da ich hin und wieder in die „Künstlergarderobe" muss, um Reinigungsmittel oder Tücher zu holen, lerne ich viele von ihnen hautnah kennen.

Die meisten dieser „Stars" sind erstaunlich bodenständig und menschlich. Doch es gibt auch hier wieder die Ausnahmen, die extrem eingebildet sind und schlimme Staralluren an den Tag legen.

Ein weiblicher Promi beschwerte sich mal, dass die Obstplatte, die man ihr bereitgestellt hatte, mit dem falschen Obst bestückt sei.

Auch Tänzer und Tänzerinnen werden in dieser Garderobe untergebracht, damit sie kurz durchschnaufen und sich zwischen den Auftritten umziehen können.

Für mich ist das Beobachten der Tänzerinnen immer ein Highlight! Fast alle von ihnen haben zwar eine tolle Figur und einen knackigen Hintern, aber auf den hohen Schuhen laufen geschweige denn richtig zum Takt der Musik tanzen, können die wenigsten. In solchen Momenten denke ich mir immer „was man mit gutem Aussehen erreichen kann, ist schon sagenhaft".

Einige der Tänzerinnen sind noch dazu richtig unordentlich. Da ist es dann besser, die Garderobe für den Rest des Abends nicht zu betreten, da es aussieht als hätte eine Bombe eingeschlagen.

An Halloween muss man besonders aufpassen, man weiß nie wer unter der Maske steckt. So kann es durchaus passieren, dass ein Bursche im Damenklo landet oder ein Mädel im Herrenklo. Dann haben unsere Türsteher die Aufgabe sie hinauszubegleiten, wir sind ja schließlich kein Puff.

Am Abend vor Heiligabend werden traditionellerweise Nikolausmützen verteilt. Das sieht dann oft sehr lustig aus, wenn die halbe Disco so verkleidet ist. Doch leider wird auch so manche Mütze im Pissoir oder in der Kloschüssel versenkt. Dann heißt es für mich wieder Handschuhe hoch bis zu den Ellenbogen und nach den nassen Mützen tauchen.

An diesem Abend gibt es auch ein Buffet, das nach übermäßigem Alkoholkonsum aber meistens nicht lange im Magen der Gäste bleibt und sich wieder den Weg nach draußen sucht. Dann sind nicht nur die Kloschüsseln voll mit Erbrochenem, sondern auch die Wände der Toiletten, was recht unappetitlich aussieht – nichts für schwache Nerven!

Ich bewaffne mich dann erstmal mit mehreren Dosen Raumspray, um den penetranten Geruch zu überdecken und mache mich dann schleunigst an die Arbeit, das Chaos zu beseitigen.

Wenn an diesem Abend die Schicht zu Ende geht, ist der Heilige Abend quasi schon angebrochen. Vor dem Verlassen der Disco wünschen wir uns also alle noch frohe Weihnachten, denn an Heiligabend selbst hat unsere Diskothek geschlossen und wir verbringen die Abende mit unseren Lieben. Diese Verschnaufpause ist auch wichtig, denn am ersten Weihnachtsfeiertag geht es wieder hoch her!

Die Gäste haben genug von den Familienfeierlichkeiten und das Weihnachtsgeld muss unter die Leute, also klingelt auch bei uns die Kasse entsprechend und jeder kann sich auf einen arbeitsreichen Abend einstellen.

Am ersten Weihnachtsfeiertag gibt es viel zu tun, die Disco ist voll und so habe auch ich reichlich Arbeit.

Nur die Musik ist so gar nicht meins, HipHop und R'n'B mag ich überhaupt nicht. Vor allem gibt es da viele Gäste, die sich aufführen und meinen sie wären etwas Besseres. Besonders die Mädchen, die aufgetakelt in Minirock und High Heels ankommen und dann kreischen wie im Kindergarten, ihre Getränke im Klo verschütten und sich dann über den nassen und klebrigen Boden beschweren.

Ich lief den ganzen Abend mit Handschuhen bewaffnet durch die Gegend. Neben Gläsern im Pissoir mussten auch die Hinterlassenschaften vom Boden des Männerklos entfernt werden.

Da beschwerte sich tatsächlich ein Gast ich solle aus dem Klo verschwinden, er könne nicht pinkeln wenn eine Frau danebenstehe. Mein Kommentar war nur, dann müsse er nach draußen gehen. Er murmelte noch etwas vor sich hin und verließ dann das stille Örtchen.

Auch Gutscheinpartys sind besonders angesagt. Gutscheinparty heißt: man nennt beim Eintritt an der Kasse ein Codewort und bekommt einen

Getränkegutschein (der Wert ist je nach Veranstaltung unterschiedlich hoch) und kann diesen Gutschein wie Bargeld an den Bars einlösen.

Bei vielen heißt das dann: Saufen bis zur Bewusstlosigkeit.

An einem der Abende fanden wir ein Mädchen, das bewusstlos in der Toilette lag. Ihre Freundinnen holten einen Mitarbeiter vom Sicherheitspersonal, der die Toilettentür öffnete. Die Freundinnen zogen dem Mädchen die Hose hoch und brachten sie in stabile Seitenlage. Wir beschlossen unterdessen den Krankenwagen zu rufen, doch es dauerte bis die Sanitäter kamen.

In der Zwischenzeit bekam das Mädel Wutausbrüche, strampelte und schlug um sich und prallte mit dem Kopf mehrmals auf dem Boden auf. Sie war zwar halbwach geworden, dafür aber orientierungslos.

Der Security-Mitarbeiter – es war einer seiner ersten Abende – wollte das Mädchen über den Haupteingang nach draußen bringen. Ich bat ihn, den Notausgang zu benutzen, denn ich wollte ihr die Schmach ersparen, durch die ganze Disco getragen zu werden.

Bei den jungen Männern ist es oft nicht anders, da hängt dann schon mal der Kopf ins Pissoir.

Unangenehm wird es, wenn vorher jemand reingekotzt hat und der nächste dann noch drauf uriniert hat. So hat sich schon der ein oder andere nasse Haare geholt – einfach nur eklig.

Wenig Schamgefühl haben die Mädels, die meinen die Herrentoilette für ihr Geschäft benutzen zu müssen. So manch eine schaut dann schon genau hin, was da so ins Pissoir baumelt.

Wenn ich sie aber dabei erwische, werden sie prompt hinausbefördert!

Einige der jungen Männer sind sehr zeigefreudig, aber an so etwas gewöhnt man sich im Laufe der Zeit.

Unsere Garderobendamen – bei denen geht es dann doch zivilisierter zu – kennen einen solchen unfreiwilligen Anblick jedoch nicht und so waren sie sehr erschrocken, als ein Gast sein Geschäft bei ihnen in der Garderobe verrichtete.

Eines Abends kam ein Security-Mitarbeiter zu mir und rief ich solle schnell zur Garderobe kommen, da hätte jemand hingemacht. Ich fragte: „Gekotzt?" Er antwortete: „Nein gepinkelt!"

Das konnte ich nun ja wirklich nicht glauben. Also schnappte ich mir Eimer, Papier und Wischmopp und lief los Richtung Garderobe.

Dort fand ich wirklich eine große Pfütze vor und fragte das schockierte Garderobenmädchen, was denn passiert sei.

Da hätte ein Gast einfach seinen Schniedel herausgeholt und vor ihren Augen hingepinkelt, erklärte sie mir.

Das ist selbst mir in all den Jahren noch nicht untergekommen. Die Jugend hat einfach kein Schamgefühl mehr. Der Bursche wurde anschließend von einem Türsteher hinausbegleitet und bekam für die nächsten Wochenenden Hausverbot.


Es gibt Veranstaltungen, da werden die Getränke in XXL Gläsern ausgegeben, dann wird auch meistens XXL gekotzt. An solchen Abenden habe ich dann besonders viel zu tun, denn die Kloschüssel wird meist verfehlt, auch wenn man meinen könnte, die Gäste hätten genug Zielwasser getrunken.

Da heißt es dann: Augen zu und durch.

Oft kommen dann auch meine Barkeeperkollegen angelaufen und bitten mich die Hinterlassenschaften der Gäste an ihren Bars wegzuwischen. Mit Handschuhen und Wischmopp bewaffnet mache ich mich dann auf den Weg.

Solche Geschichten werden irgendwann zur Routine.

Ungewohnt ist es, wenn sich jemand in ein leeres Glas übergibt – immerhin: der konnte noch zielen!

An manchen Abenden gibt es ein kaltes Buffet, das immer sehr hübsch angerichtet ist. Aber wehe wenn die Gäste darauf losgelassen werden. Dann fliegen die Brezen und Semmeln durch die Gegend und Wurst und Käse gleich hinterher.

Da das Buffet nichts kostet, ist eine Hemmschwelle kaum mehr vorhanden. So mancher häuft sich bergeweise auf seinen Teller, und hinterher wird die Hälfte weggeworfen.

Auch da lässt die Erziehung zu wünschen übrig.

Manch einer verträgt das Essen nach reichhaltigem Alkoholgenuss leider so gar nicht, und ich darf – damit ich keine Entzugserscheinungen bekomme – den halbverdauten Mageninhalt beseitigen.

Tja, same procedure as everytime.

# 30.
# Betriebsfeiern

Neben unserem alljährlichen Betriebsausflug auf das Volksfest haben wir natürlich auch eine offizielle Weihnachtsfeier. Auch da geht es immer hoch her.

Zuerst wird gemeinsam gegessen – es wird immer ein kaltes und warmes Buffet von einem Catering Service bestellt und dazu reichlich getrunken. Die Weihnachtsfeier findet meist bei uns direkt in der Diskothek statt, so haben wir eine große Getränkeauswahl und ausreichend Nachschub.

Bei meiner ersten Weihnachtsfeier saß ich neben einem der berüchtigtsten Barkeeper der ganzen Belegschaft. Schon zum Essen hatte er eine Flasche Jägermeister organisiert und fragte mich, ob ich auch einen mittrinken würde. Da ich kein Kind von Traurigkeit bin, sagte ich natürlich „Ja". Das Ende vom Lied war, dass wir die ganze Flasche zu zweit tranken. Man war mir schlecht!!

Nach dem Essen spielen wir dann meistens

noch irgendwelche Partyspiele, zum Beispiel Reise nach Jerusalem. Je angeheiterter alle sind, desto chaotischer und lustiger werden natürlich auch die Abende!

Ein ebenso schöner Nachmittag und Abend war der runde Geburtstag unserer Chefin. Schon Monate zuvor wurde beschlossen, sie mit einer Geburtstagsparty zu überraschen. Dazu lockte ihr Mann sie in eine benachbarte Disco, die ebenfalls von ihnen gemanagt wird. Wir alle versteckten uns hinter dem Tresen und sprangen auf Kommando hervor, als sie den Raum betrat – wie im Film!

Das sind die gemeinsamen Erlebnisse, die man einfach nicht missen möchte. Leider vergehen solche Abende immer viel zu schnell, doch sie stärken das Gemeinschaftsgefühl!

# 31.
## Junggesellen und andere Chaoten

Hin und wieder feiern junge Damen ihren Junggesellinnenabschied bei uns in der Diskothek. Mit Schleier, Krönchen und Motto-T-Shirt ausgestattet und den Freundinnen im Schlepptau geht es dann in unsere VIP-Lounge, wo mit Sekt und Schnaps ordentlich auf die letzten Stunden in Freiheit angestoßen wird.

Das ist insofern paradox, da manche oft nicht genau wissen, worauf sie sich in ihrer Ehe einlassen. So erzählte mir mal ein weiblicher Gast, sie sei von ihrem Mann wie eine Sklavin behandelt worden. Als sie die Scheidung einreichen wollte, setzte er ihr ein Messer an die Kehle. Die Narbe ist noch heute zu sehen. Er wurde glücklicherweise verhaftet und sie bekam ihre Freiheit zurück, die sie sichtlich genoss.

Ein anderes Mädchen berichtete mir mal, dass man ihr das Kind weggenommen hatte, weil sich die Nachbarn über den Lärm des Kindes beschwert hätten. Angeblich schrie es die ganze

Nacht. Nun kämpft sie verzweifelt darum ihr Kind wiederzubekommen.

In den vergangenen Jahren wurden mir diverse Geschichten dieser Art zugetragen und manchmal fehlen auch mir die tröstenden Worte.

Dann bleibt mir nur, das Mädel in den Arm zu nehmen und sie kurz zu drücken.

Auch das gehört zu meinem Job, das Menschliche eben, Mutter Theresa zu spielen

Es sind aber nicht nur die Mädchen, die hin und wieder Redebedarf haben. Auch die Männer machen ihrem Kummer bei mir Luft. Egal, ob Probleme in der Beziehung oder Ärger im Job – alles wird mir zugetragen. Mittlerweile hat sich mein offenes Ohr schon herumgesprochen.

Auch so mancher Mitarbeiter lässt Dampf bei mir ab. Egal ob Garderobenfrau, die mit den Gästen über verlorene Garderobenmarken diskutieren muss oder Barkeeper, die von den Gästen beschimpft werden, weil es nicht schnell genug geht.

Einmal im Jahr kommen unsere Stammgäste aus Österreich. Die sind immer recht lustig und sehr nett. Vor allem denken sie, dass sie mehr vertragen als unsere einheimischen Gäste – dem ist aber nicht so. So kommt es dann auch vor, dass einer von ihnen durch die Gegend kotzt und im Anschluss seine Hinterlassenschaften selbst wegmachen muss. Im Gegensatz zu mir gehen sie dann ohne Handschuhe ans Werk und vergessen danach hin und wieder sich noch die Hände zu waschen. Ein Graus!

Unseren männlichen Gästen passiert es generell sehr oft, dass sie nach dem Verrichten ihrer Notdurft die Hände nicht waschen. Tja junge Männer sind halt doch kleine Ferkel!

Ein Bursche übergab sich mal in seine Hände und fuhr sich dann damit quer übers Gesicht. Anstatt sich aber kurz frisch zu machen, feierte er munter weiter. Naja, vielleicht hatte er etwas Besonderes gegessen und wollte mit seiner Duftnote die weiblichen Gäste betören. Man weiß nie was in dem Kopf eines Betrunkenen vorgeht.

Auch die Mädchen sind da keine Ausnahme. Eine wollte mal einen Strip auf der Tanzfläche hinlegen und begann sich vor allen anderen Gästen auszuziehen. Zum Glück waren ihre Freunde noch klareren Verstandes und konnte Schlimmeres verhindern.

# 32.
## Disco in a Nutshell

Es ist mal wieder Freitag: Disco Time. Mein Gefühl sagte mir: heute geht's rund und ich sollte Recht behalten.

Da die Schlösser der Herrentoiletten kaputt waren, fühlte sich so manch einer gestört auf dem stillen Örtchen.

Nicht so aber ein Pärchen, das bereits im Gang so wild rumknutschte, dass sich die Balken bogen. Sie fühlten sich dort aber wohl zu sehr gestört und dachten sich hinter der Tür mit Aufschrift „Nur für Mitarbeiter" hätten sie ihre Ruhe. So verschwanden sie hinter der Tür ins wohltemperierte Kühlhaus – bei Minusgraden muss man sich warme Gedanken machen –, wo sie allerdings einer der Lagermitarbeiter erwischte und sie bat den Raum zu verlassen.

Also beschlossen sie, das Herrenklo aufzusuchen. Ich wunderte mich noch, dass der Bursche so lange in der Kabine blieb und holte vorsichtshalber jemanden vom Sicherheitsdienst. Der klopfte ein paar Mal an, bis der Gast die

Tür öffnete und rauskam. Als der Security-Mitarbeiter gegangen war, öffnete sich die Tür erneut und ein weibliches Wesen mit nasser Hose kam zum Vorschein.

Kaum hatte sie das Klo verlassen, hörte ich in der Damentoilette ein Mädchen schreien. Alarmiert eilte ich ins Damenklo. Da saß ein Mädel weinend auf dem Boden und stammelte immer wieder sie wolle nicht mehr leben, ihr Freund hätte sie verlassen.

Oh je! Die alte Leier!

Ich beschloss, wie so oft in den vergangenen Jahren, Mutter Theresa zu spielen und nahm sie tröstend in den Arm. Nach einigen Minuten hatte sie sich beruhigt und ihre Tränen getrocknet. Ich konnte sie überzeugen wieder tanzen zu gehen, nicht ahnend, dass sie auf der Tanzfläche ihren Verflossenen treffen würde. Für den hagelte es erstmal ein paar kräftige Ohrfeigen und dann bekam er auch noch sein Bier über den Kopf geschüttet!

Nach dieser Aktion verließ die junge Dame dann fluchtartig die Disco – ich glaube das war auch besser so!

An diesem Abend sind auch wieder einige Gläser im Pissoir zu Bruch gegangen. Die Scherben daraus zu entfernen, ist nicht gerade angenehm.

Ein Gast, der nicht mehr ganz nüchtern – vielleicht sogar im Vollrausch – war, wollte mir unbedingt helfen und griff voller Elan in die Scherben im Pissoir. Das Ergebnis: eine aufgeschnittene blutige Hand, die zum Nähen ins Krankenhaus musste.

Neben den Scherben lagen auch Zigaretten und der Mageninhalt eines Gastes im Pissoir, was ich anschließend entfernen musste.

Ein Gast hatte sogar seine ganze Zigarettenschachtel im Klo versenkt, die ein anderer Gast dann herausfischte und mitnahm. Ob er sie noch geraucht hat, will ich lieber nicht wissen.

Was das Verstopfen der Toiletten betrifft sind die Herren der Schöpfung schon ganz besondere Saubären. Da werden Papier und viele andere Dinge in die Pissoirs gesteckt und daraufgepinkelt bis alles verstopft und überläuft. Manchmal hoffe ich, dass einer seine Ladung Urin wieder abbekommt.

In meinem Gogokammerl, in dem ich mich aufhalte, wenn gerade nichts zu tun ist, kann man die dröhnende Musik ganz gut ertragen, da ist es nicht ganz so laut wie im Innenbereich der Diskothek.

Ich machte eine kurze Verschnaufpause in meiner Kammer, als ich draußen einen lauten Knall hörte. Erschrocken sprang ich auf und lief nach draußen, um zu sehen was passiert war.

Jemand war vom Barhocker gefallen!

Gott sei Dank ist ihm aber nichts passiert.

Ich kann mich immer wieder köstlich amüsieren, wenn die Mädels mit ihren kurzen Röcken und Kleidchen versuchen auf die Barhocker zu kommen, ohne dem Rest der Gäste ihre Unterwäsche zu präsentieren.

Ähnliche Schwierigkeiten haben sie auch in den Toiletten. Dann musste ich schon so manch einer helfen ihren Rock oder ihr Kleid wieder in die richtige Position zu bringen. Die meisten bedanken sich überschwänglich für die Hilfe. Dann wird noch gefragt, ob sie noch hübsch seien, das Make-Up noch passen würde, der Lippenstift oder die Haare noch säßen. Glücklicherweise ist unsere Damentoilette mit einem riesigen Spiegel und mehreren Glätteisen ausgestattet, so dass man auch derangierte Frisuren wieder reparieren kann.

Es war kurz vor Betriebsende, als es in einer

der Kabinen plötzlich laut schepperte. Oh je, dachte ich, schon wieder ein Glas zu Bruch gegangen. Ein Mädchen kam aus der Toilette, vor der ich schon mit Schaufel und Besen bewaffnet stand. Ich forderte sie auf, die Scherben zusammenzukehren, doch in ihrem Rausch fing sie an mit mir zu diskutieren, sie habe nur das halbe Glas hinuntergeworfen und wollte somit auch nur die Hälfte der Scherben aufkehren. Ich fragte sie nur, wer denn die andere Hälfte kaputt gemacht hätte. Nach längerer Diskussion hat sie aber dann doch noch alles zusammengekehrt.

Nach Betriebsschluss erzählte ich unserer Chefin von dem Vorfall und bat sie in Zukunft doch nur noch in ganzen und nicht in halben Gläsern auszuschenken. Das Gelächter war riesig!

# 33.
## Scherben bringen Unglück

Da sehr viele Gläser zu Bruch gehen, liegen auch viele Scherben auf dem Boden und manch einer hat sich diese schon eingetreten. Da sind die Mädels oft selber schuld, wenn sie mit ihren super High-Heels nicht mehr laufen können, wird halt barfuß gelaufen, trotz meiner zahlreichen Warnungen. Oft kommen sie dann mit Schnittwunden an den Füssen und fragen nach einem Pflaster. Wer nicht hören will, muss fühlen – selbst schuld. Schlimm ist es nur, wenn jemand in seinem Rausch stürzt und in die Scherben fällt. Sowie ein Bursch, der sich die Hände aufschnitt und ins Büro lief. Seine Blutspur, quer durch die Disco, durfte ich dann wegwischen. Er wurde notdürftig verbunden, der Krankenwagen angefordert und zum Nähen abtransportiert.

Oder ein Mädel, das stürzte und sich mit ihrem Allerwertesten in die Glasscherben setzte. Ihr Freund war ihr dann behilflich, diese im Klo aus ihrem Hintern zu entfernen. Ich glaube das

Mädel konnte eine Zeit nicht sitzen, und dass es dem Freund gefallen hat, die Splitter zu entfernen, kann sich ja wohl jeder vorstellen.

Durch die zerschellten Gläser musste schon so mancher Gast mit Schnittwunden bei uns oder im Krankenhaus versorgt werden. So blieb mir vor allem folgende Geschichte in Erinnerung: ein junger Kerl sprang in Feierlaune von einer der Boxen auf der Tanzfläche und übersah dabei eine leere Bierflasche, die auf dem Boden unter ihm lag. Er landete auf der Flasche, die zerbrach und die Scherben bohrten sich durch seine dünnen Turnschuhe in seinen Fuß. Die Tanzfläche glich einem Blutbad. Umstehende Gäste alarmierten sofort die Security und auch ein Krankenwagen wurde gleich gerufen. Einer der Türsteher zog ihm mutig zuerst den Schuh aus und dann vorsichtig die Scherben aus dem Fuß, um überhaupt sehen zu können, wie schlimm es war. Die komplette Fußsohle war aufgeschnitten und der Gast wurde noch vor Ort von den Rettungskräften, die inzwischen eingetroffen waren, versorgt.

Wir machten uns große Sorgen um den armen Kerl, doch kurze Zeit später stand er wieder an einer der Theken. Statt ins Krankenhaus zu fahren, hatte er sich die Wunden von den Sanitätern notdürftig flicken lassen, um weiter mit seinen Kumpels Party machen zu können.

Nun stand er also ohne Schuh dafür mit einbandagiertem Fuß wieder in der Disco – das ist wahre Feierliebe!


Unangenehm ist aber auch dann, wenn sich im Männerklo eine Blutlache findet, die ich dann wegwischen muss. Das kann schon mal vorkommen, da es in der Herrentoilette öfter zu Handgreiflichkeiten kommt. Logisch – die ist ja auch nicht videoüberwacht.

Einmal hat ein Bursche den Kopf eines anderen Gastes gepackt und unters kalte Wasser gehalten – na ja, der wird's wohl gebraucht haben.

Aber, dass man so besoffen sein kann, dass man mit dem Kopf ins Pissoir hängt, ist mir unbegreiflich.

Ein anderer Gast stellte sich auf die Toilettenschüssel und rutschte ab, so dass er mit einem Bein im Klo landete. Der Schuh war dann voll mit Kot – tja Pech gehabt.

# 34.
## Das bisschen Haushalt

An manchen Tagen lief auch in der Disco alles schief. Zuerst ging die Waschmaschine kaputt und ein Haufen benutzter, dreckiger Geschirrhandtücher konnte nicht gewaschen werden und lag herum.

Dann ließ einer der Lagermitarbeiter einen vollen Kasten Bier fallen und holte mich zur Hilfe, um alles aufzukehren und aufzuwischen.

Doch womit? Die Lappen waren noch nicht gewaschen…

Kurzentschlossen packte ich den Haufen schmutzige Geschirrtücher, breitete sie auf dem Boden aus und wischte die Bierlache auf.

Hinterher stank ich wie eine ganze Brauerei! Wieder so ein Abend, an dem mich die Polizei nicht hätte aufhalten dürfen. Denn nach 0,0 Promille habe ich definitiv nicht gerochen.

Schlimmer hat es allerdings unsere Chefin erwischt, die die hopfig duftenden Geschirrtücher im Auto mit nach Hause nehmen musste, um sie dort zu waschen.

# 35.
## Klokonversationen

Manche Abende, vor allem im Sommer, sind sehr ruhig. Dann sitze ich in meiner Kammer, stricke, mache Kreuzworträtsel oder schreibe neuerdings und warte bis ich wieder zum Einsatz komme.

Wenn dann Tänzer auftreten, muss ich meinen Platz in der Künstlergarderobe räumen und den Abend in der Putzkammer in der Damentoilette verbringen.

Da bekommt man dann die interessantesten Gespräche mit:

„Wirst du heute noch vögeln?"

„Stehst du immer noch auf den …"

„Wie oft hattest du schon Sex mit …"

„Der … ist aber ein schnuckeliges Kerlchen"

„Hast du deine Periode noch bekommen?"

„… ist gut im Bett… aber der DJ wäre auch eine Sünde wert!"

„Kommst du mit aufs Klo?"

Das ist etwas, das ich sowieso noch nie verstanden habe: Wieso gehen die Mädchen so oft zu zweit aufs Klo? Zu meiner Zeit gab es das noch nicht, wir brauchten keine Begleitung.

Dass manche Mädels zu zweit die Toilette besuchen, ist Gang und Gebe, aber wenn sie dann zu viert aus der Kabine kommen, frage ich mich schon wie man da überhaupt noch das Geschäft verrichten kann – so rein platztechnisch.

Außergewöhnlicher ist es, wenn zwei Burschen gemeinsam aus der Kabine kommen. Da spinnt man den Gedanken schon manchmal weiter. Vielleicht hatten sie ja auch ihren Spaß.

So kamen eines Abends zwei Jungs zusammen aus der Klokabine und blickten mich ganz erstaunt an, was ich im Herrenklo zu suchen hätte.

Ich antwortete nur: „Bestimmt nicht euch beide."

Ohne ein weiteres Wort mischten sie sich unter die anderen Gäste auf der Tanzfläche.

# 36.
## Von Streithähnen

Gestritten und gerauft wird in der Disko oft, doch manchmal haben sogar unsere Türsteher Probleme die Streithähne auseinanderzukriegen. Egal ob Männlein oder Weiblein, alle kriegen sich hin und wieder in die Haare, nur geht es da bei den Männern noch mehr zur Sache. Zuerst wird sich im Klo geprügelt und wenn dann das Sicherheitspersonal dazwischen geht und sie aus der Diskothek entfernt, wird draußen auf dem Parkplatz weitergemacht.

Dabei wurden auch schon Autos in Mitleidenschaft gezogen und im Anschluss die Polizei und der Krankenwagen benötigt.

Einige Männer können mit erhöhtem Alkoholpegel, ihre Hände leider nicht mehr dort lassen, wo sie hingehören. Manchen Mädchen gefällt dieses Gegrabsche zwar und sie fühlen sich begehrt, doch die meisten fühlen sich doch eher belästigt und wehren sich dagegen. Wird das „Nein" nicht akzeptiert, geht das Geboxe los. So mancher Bursche musste dann schon mit zerrissenem Hemd oder T-Shirt heimgehen oder bekam ein Getränk ins Gesicht geschüttet. Da kann man nur sagen: selbst schuld!

Ein Kerl hat aus Rache einem Mädel sein volles Getränk in den Ausschnitt gekippt. Das ist ein No-Go und er wurde schleunigst aus der Diskothek entfernt.

Doch umgekehrt geht es genauso. So hat schon so manche junge Dame ihr Glas über der Hose eines aufdringlichen jungen Mannes entleert, so dass es aussah als hätte er in die Hose gemacht.

Auch da spielte sich schon so manches Drama ab. Der eine bekommt von einem Mädchen eine geschmiert, weil er seine Finger nicht bei sich behalten kann, der andere rutscht in den Glasscherben aus – oft kann ich gar nicht schnell genug kehren – und zerschneidet sich die Hand.

# 37.
## Helga zieht Bilanz

Es gibt auch sehr viele sehr nette Gäste, die mich verteidigen, wenn mal jemand ungehobelt ist. So auch eines Morgens, als zwei Gäste kurz vor Ladenschluss das frisch geputzte Klo benutzen wollten. Ich bat sie, eine der Kabinen, die ich noch nicht gesäubert hatte, aufzusuchen. Daraufhin wurde ich mit den wüstesten Ausdrücken beschimpft.

Dies wiederum hörten zwei weitere Gäste, die mich gleich gegen die zwei Burschen verteidigten, so gehe man nicht mit einer älteren Frau um. Beinahe wäre es zu Handgreiflichkeiten gekommen, doch glücklicherweise kam in diesem Moment jemand vom Sicherheitspersonal, der dazwischenging und das Ganze konfliktfrei lösen konnte.

Viele unserer ausländischen Gäste sind erstaunt, wenn ich ins Männerklo zum Saubermachen komme. Sie schauen dann immer ganz entsetzt und fragen, was ich als Frau hier zu suchen hätte. Wenn ich dann erwidere, dass ich hier zum Reinigen der sanitären Anlagen bin, sind sie noch viel überraschter und fragen, warum ich als Deutsche eine solche Arbeit verrichte.

Solche Vorurteile sind manchmal erschreckend. Warum sollte man sich als deutsche Frau zu fein sein, Toiletten zu putzen. Und bei den ganzen Saubären, die durch die Gegend laufen, muss es ja jemand machen! Letztendlich ist es ein Job wie jeder andere und wie vielfältig meine Tätigkeit ist, sieht man ja an den vielen Geschichten, die sich über die Jahre angesammelt haben. Man lernt Menschen verschiedenster Nationalitäten kennen, liebe Burschen und giftige Mädels, Raufbolde, Betrunkene, Jugendliche, die einfach nur tanzen und Spaß haben wollen.

Hier ist eben alles vertreten.

Es hält mich jung und es freut mich, dass ich von der Jugend (meist) akzeptiert und geachtet werde!

Hin und wieder kommen Stammgäste zu mir und bedanken sich für meine Arbeit, und dass ich alles so sauber halte. Das sind die Momente, die mir richtig guttun und nach denen ich wieder weiß, wofür ich mir die Nächte um die Ohren schlage.

Manche Stammgäste stechen dabei besonders hervor. So gibt es einen, der mich jedes Mal fragt, ob er mir behilflich sein kann und kurz beim Wischen helfen soll, oder ein anderer, der mir anbot meinen Putzeimer zu tragen. Man darf sie also nicht alle verteufeln, es gibt noch Jugendliche mit Anstand.

Auch wenn ich vieles nicht verstehe, so wie zum Beispiel die Burschen, die ihre Unterhose einfach im Klo ausziehen und dort liegen lassen. Tja, vielleicht hatte er es eilig oder wollte nach dem Disco-Besuch gleich zur Sache kommen — der Phantasie sind manchmal keine Grenzen gesetzt.

Oder wenn bei den Mädels mal wieder eine Dirndlbluse im Klo liegen bleibt. Dann kann ich nur spekulieren, ob der Dame vielleicht zu heiß war oder ob sie sich selbst nicht aufreizend genug fand. Man kann seine Gedanken auf jeden Fall spielen lassen.

Eine Frechheit finde ich es allerdings, wenn Handtaschen gestohlen werden und dann in den Toiletten in den Mülleimern landen. So suchte ein Mädchen den ganzen Abend vergebens ihre Handtasche, bis ich sie beim Ausleeren der Abfalleimer fand. Geld war natürlich keines mehr drin.

Ich wollte die Tasche gerade ins Büro bringen, als mich eine Freundin des Mädchens aufhielt und sie herbeirief. Die Kleine fiel mir um den Hals und bedankte sich überschwänglich, dass ich ihre Tasche gefunden hatte. Anschließend kramte sie kurz darin herum und gab mir die letzten 20 Cent, die sie darin fand. Sie entschuldigte sich noch tausendmal bei mir, dass sie mir nicht mehr geben konnte, aber ihr Geldbeutel sei leer.

Über solche Gesten freut man sich natürlich umso mehr! Es kommt nicht auf die Höhe oder überhaupt ein Trinkgeld an, sondern auf die Wertschätzung, die einem entgegengebracht wird. Ein Lächeln und ein Danke sind mehr wert als tausend Euro.

Auch wenn ich den Job, der nicht immer angenehm ist, hin und wieder hinschmeißen möchte, mag ich ihn. Meine Kolleginnen und Kollegen, unsere Chefin, alle die meinen Job schätzen, die kurzen Ratschereien in meiner Putzkammer – mir würde einfach etwas fehlen, wenn es bei mir

freitags und samstags nicht mehr „Disco-Time"
hieße.

Ich hoffe, dass ich diesen Job noch lange machen kann und meine Enkel weiterhin sagen können, dass ihre Oma in einer Diskothek arbeitet.